始されてから肌着のポルトガル語を日本式に言うようになったもので、古語の汗衫《かさみ》という言葉は消えてしまったのである。

さてこの「こぼれ話」には、近年発掘された佐賀県の「吉野ケ里遺跡」などと神話との関係を始め、奈良・平安時代から源平の争乱を経て、江戸時代に至り、その学問・芸術におよび、十返舎一九や喜多川歌麿に至るまで江戸期の生活や文化を詳述し、明治以後には伊藤博文などの政治家もあるが、シベリア単騎横断の福島少佐、富岡製糸場の信州松代出身の工女の話もあり、昭和初年の暗い谷間の時代もある。

そうした山あり、谷ありの歴史を経て今日の日本があるわけである。「万世一系の」というが、こういう国は他にはない。ローマ帝国も清朝も昔の夢となっている。日本歴史をゆっくり考えなおそう。

二〇〇三年一月

笠原一男
児玉幸多

目　次

1　先史の時代

捏造《ねつぞう》された旧石器の発掘

二〇〇〇（平成十二）年十一月五日の『毎日新聞』のスクープ記事によって、東北旧石器文化研究所の藤村新一《ふじむらしんいち》前副理事長の旧石器捏造事件が発覚し、考古学界は大ゆれとなった。藤村副理事長がこれまで発掘したとされる前期旧石器遺跡のほとんどは、旧石器をみずから埋めて発掘したものだという。

日本考古学協会の調査の結果、六〇万年前の原人《げんじん》が埋納《まいのう》したとされる石器が発掘された上高森《かみたかもり》遺跡（宮城県筑館《つきだて》町）や「秩父《ちちぶ》原人」でわいた小鹿坂《おがさか》遺跡や長尾根《ながおね》遺跡のみならず、文化庁が国の史跡に指定した座散乱木《ざざらぎ》遺跡（宮城県岩出山《いわでやま》町）、馬場壇《ばばだん》A遺跡（宮城県古川《ふるかわ》市）を含めて藤村のかかわったものは、ほとんど藤村によって捏造されたものであることがわかった。

なかでも座散乱木遺跡の意味は大きかった。そのころ日本の石器時代は三万年前をはさんで前期と後期に分けられていたが、一九八一（昭和五十六）年に座散乱木遺跡から四万二〇〇〇年前の石器が発見されたことによって、日本の前期旧石器時代の存否をめぐる長年の論争に終止符を打ったとされたからである。なお、現在は一三万年前以上を前期、三万年前～一三万年前を中期としてい

2000年（平成12年） 11月5日 日曜日

旧石器発掘ねつ造

宮城・上高森遺跡

調査団長の藤村氏

自ら埋める 「魔がさした」認める

70万年前と発表

北海道の遺跡でも

発掘現場での藤村副理事長

文化書道

捏造の現場をとらえたスクープ記事（『毎日新聞』2000年11月５日付）

る。今回の事件によって、藤村がかかわらなかった旧石器遺跡についても真偽が問われており、相《あい》沢忠洋《ざわただひろ》による旧石器時代確認の原点岩宿《いわじゅく》遺跡（群馬県笠懸《かさかけ》町）まで戻るべきだという意見もある。

ところで、なぜこのような捏造が可能だったのだろうか。第一には、東アジアの旧石器研究が未発達のため、石器の形（素材や製作技術）からみた編年《へんねん》が確立されておらず、そのため縄文《じょうもん》時代の石器と前期・中期の旧石器時代の石器とを見分けることができなかったのである。第二には、発見された石器や遺構を検証せずに信じ続けてきた科学性の欠如である。諸外国で蓄積された研究成果からは逸脱《いつだつ》した原人の住居跡や墓穴の発見、原人→旧人《きゅうじん》→新人《しんじん》と連続的に日本列島で進化してきたなどの説が無批判に信じられていたのである。第三には、他人が発掘したところとその成果を再発掘・再点検しないという学界の風潮があること、そして捏造などありうべくもないという性善説《せいぜんせつ》にたった学界の社会性の欠如があったといえよう。

日本人のルーツ

明治時代、東京帝国大学人類学教室の初代教授であった坪井正五郎《つぼいしょうごろう》のコロボックル説（アイヌの伝承にある先住《せんじゅう》種族で、蕗《ふき》の葉の下にいる人の意味）と、同大学解剖学教室の初代教授小金井良精《こがねいよしきよ》のアイヌ人説が日本人のルーツをめぐって激しく対立したが、現在では両説とも否定されている。

最新の学説では人類の進化については、東アフリカに登場したホモサピエンス・サピエンス（新《しん》人《じん》）が、六万年前ごろから移動をはじめた、そして、ヨーロッパからシベリア平原を進んだルート（北回廊）と西アジアから南アジア、インドネシアを経て進むルート（南回廊）の二つに分かれたとされる。日本列島は、この両ルートの接点であったと考えられている。

現在の人類学では、人骨や歯の形態的特徴やDNA研究などの成果によって、約三万年前から北東アジアの後期旧石器時代人が日本列島にやってきたのが日本人のルーツと考えられるようになった。とくに、極寒《ごっかん》のシベリアのバイカル湖付近（縄文《じょうもん》人のDNAと約六割の確率で一致したのはブリヤート人だけだった）からサハリンを経由し、マンモスを追って北海道へ南下してきた細石刃《さいせきじん》をもった人びとが注目されている。

もっとも、南回廊を経てきた人びとが朝鮮半島から西日本へ、あるいは琉球《りゅうきゅう》諸島をとおって南九州へというルートも否定されたわけではない。

しかし、少なくとも北海道へ南下してきた彼らのなかから約一万三〇〇〇年前以降に縄文人が生まれた。そして本土の日本人は、弥生《やよい》時代以降に大陸から渡来した集団が在来系集団と混血した結果形成されたといえる。したがって、日本人の顔を分析すると中国北部系三五・一％、朝鮮半島系二二％、中国南部系二八・三％、インドネシア系九・六％、南太平洋系五・一％という割り合いになる。

三内丸山《さんないまるやま》のクリ栽培

従来の縄文《じょうもん》文化観を一変させたといわれる青森市郊外の三内丸山遺跡では、植物性食糧への依存がきわめて高かったことがあきらかにされつつある。なかでも特徴的なのはクリである。

現在では花粉分析により、当時の植生《しょくせい》があきらかにされるようになっている。それによれば、縄文時代前期中ごろの五五〇〇〜五〇〇〇年前、三内丸山の人びとは台地のナラの木や低湿地のハンの木を焼きはらい、そのあとにクリの木を植えて栽培するようになった。当時の堆積物《たいせきぶつ》から検出される花粉のうち、じつに八〇〜九〇%がクリであるという。これだけの高率は自然状態ではありえないことで、あきらかに人為的にクリ林がつくられていたことを示している。

このことは、発掘されたクリのＤＮＡ（デオキシリボ核酸）分析でも裏づけられた。一般的に野生の生物からＤＮＡを抽出して分析すると、同一の生物でもバーコードのようにみえるバンドパターンがふぞろいになる。ところが三内丸山遺跡で発見されたクリでは、きれいにそろっているのである。これは長期にわたる栽培により、ある特定の遺伝的特質をもつものだけが選ばれて残ったためである。

その後、クリ花粉の割り合いは一進一退し、それにつれて原生《げんせい》植物であったナラ・ブナやハンの木などが増減しながら、縄文時代後期の四〇〇〇年前に至っている。これは人間の森に対する干渉の強弱によるもので、人間がクリ栽培の手をぬけば、すぐに森の自然の力が侵入してくるのである。

最盛期に多く見積もって五〇〇人と推定されている三内丸山の人びとを養ったのは、けっしてクリだけではないが、主要な食糧であったクリは、森にはいって拾ってくるだけでは間にあわなかったのである。

執念が実った吉野ケ里《よしのがり》遺跡

一九八九（平成元）年二月二十三日、新聞各紙は大きく紙面をさいて、佐賀県神埼《かんざき》郡の吉野ケ里遺跡で、国内最大規模の環濠《かんごう》集落が発見されたことを伝えた。ニュースはたちまち全国をかけめぐり、新聞は連日のように記事をのせ、見学者が続々と現地を訪れた。幻の邪馬台国《やまたいこく》の所在論争ともからみ、現在に至るまで調査・研究・論争が続いている。

大遺跡発見のきっかけは、佐賀県がこの地に神埼工業団地の造成を計画し、県教育委員会がそのための発掘調査を一九八六（昭和六十一）年五月からはじめたことにある。発掘成果は着々とあがった。無数の土器が出土し、八八年から八九年にかけて二重の環濠で囲まれた大集落の存在と『魏志《ぎし》』倭人伝《わじんでん》の伝える楼観《ろうかん》・邸閣《ていかく》にあたるような建物の跡があきらかになり、また二〇〇〇をこえる甕棺《かめかん》群や日本最大級の墳丘墓《ふんきゅうぼ》も発掘された。だがこの貴重な遺跡が史跡公園として保存された背景には、関係者の強い執念と努力があった。

吉野ケ里遺跡の存在は早くから知られていたが、その価値に着目し、調査の必要性を強く説いたのは地元の研究者七田忠志《ななだただゆき》であった。彼は大戦前からわが子をつれて吉野ケ里の丘を巡り、戦後、高校で日本史の教鞭《きょうべん》をとったときは、生徒たちに採集した土器片を示し、吉野ケ里遺跡の重要性を説いた。だが夢が日の目をみないまま、七田は一九七六（昭和五十一）年に六三歳の生涯をおえた。

一九八二年、佐賀県は神埼工業団地の建設を決め、八六年から発掘調査が三年計画ではじまった。調査団六人のなかには県教育委員会文化課につとめていた忠志の子、忠昭《ただあき》の姿もあった。発掘成果はあがったが、調査終了をまって団地造成事業が再開される予定であった。関係者は工事再開をできるだけのばし、奈良の国立文化財研究所にも連絡して調査を依頼した。この間、大墳丘墓の発掘・調

朝日新聞　1989年(平成元年)2月23日　木曜日

邪馬台国時代の「クニ」

佐賀県吉野ケ里　最大級の環濠集落発掘

望楼や土塁確認　倭人伝と対応

吉野ケ里遺跡で国内最大規模の環濠集落発見を伝える新聞記事（『朝日新聞』1989年２月23日付）

査もあり、遺跡保存の要望が急速に高まった。こうして団地造成事業の中止と遺跡保存が正式に決定したのは八九年三月七日のことであった。遺跡は現在も史跡公園として整備されつつある。

稲作の伝播《でんぱ》と「椰子《やし》の実《み》」の歌

日本の稲作の伝来経路については、考古学・史学・言語学・人類学・海洋学・栽培学・植物学などの成果から、華南《かなん》より海を渡ってきたとする南方《なんぽう》説、華北《かほく》・朝鮮半島を経由してきたとする北方《ほっぽう》説、華中《かちゅう》より渡来したとする説などがあって定説はまだない。

日本の民俗学を大成した柳田国男《やなぎたくにお》も一つの仮説を発表している。一八九七（明治三十）年、大学二年の夏休みに柳田は、愛知県の渥美《あつみ》半島の伊良湖岬《いらこざき》の突端に一カ月余りすごした。柳田は村を南へでてわずかな砂丘を横ぎり、岬のとっさきの小山という魚付林《うおつきりん》（魚類を集め、またその繁殖・保護をはかる目的で設けた海岸林をいう）を一周してくるのが日課であったという。そこにはさまざまな漂流物があった。風の強い日の翌朝には椰子の実が流れよったのを三度までみたことがある。はるかな波路《なみじ》をこえて南の国からきた椰子の実の存在から、柳田は後年、稲作もこの「海上《かいじょう》の道」をとおってきたという説を展開する。

柳田はまた、このときの経験を東京に戻ってから、友人の島崎藤村《しまざきとうそん》に語った。椰子の実の話にいたく感動した藤村はさっそく一編の詩に仕立てた。それは、一九〇一年刊の詩集『落梅集《らくばいしゅう》』にのっている。「名も知らぬ遠き島より　流れ寄る椰子の実一つ　故郷《ふるさと》の岸を離れて　汝《なれ》はそも波に幾月《いくつき》　旧《もと》の樹《き》は生いや茂れる　枝はなお影をやなせる　われもまた渚《なぎさ》を枕　孤身《ひとりみ》の浮寝《うきね》の旅ぞ　実《み》をとりて胸にあつれば　新《あらた》なり流離《りゅうり》の憂《うれい》　海の日の沈むを見れば　激《たぎ》り落《お》つ異郷の涙　思いやる八重の汐々《しおじお》　いずれの日にか国に帰らん」。

この「椰子の実」の詩は、その後、一九三六（昭和十一）年に作曲家の大中寅二《おおなかとらじ》が、日本放送協会（現NHK）の依頼でラジオ番組「国民歌謡」のために作曲し、東海林太郎《しょうじたろう》がのびのある艶《つや》やかな歌声でうたってから国民に愛唱されるようになった。

衝撃の発見、出雲《いずも》の青銅器

一九八四（昭和五十九）年七月、宍道《しんじ》湖西南の斐川《ひかわ》町神庭荒神谷《かんばこうじんだに》（島根県簸川《ひかわ》郡）で歓声がわいた。農道建設の調査をしていたところ、低い丘の南斜面から整然と四列にならべられた三五八本の中細形銅剣が出土したのだ。それまで知られた日本全国の銅剣総数が約三〇〇本だから、まさに異例の数である。しかも翌八五年夏には銅剣出土地点からわずか七メートルほど奥の斜面から、六個の銅《どう》鐸《たく》と一六本の銅矛《どうほこ》とが発見された。銅鐸は鰭《ひれ》をたてて横たえ、鈕《ちゅう》をいりくませて埋納してあり、矛は刃をたて、切先《きっさき》を交互にさしちがえた状態で出土した。鐸や矛のうえには建物があった形跡もあった。剣・矛・鐸の三種が、それもまとまって埋納されていたという事実、それはいったいどう

加茂岩倉遺跡出土の銅鐸(島根県加茂町)

いうことを意味するのだろうか。

一九九六（平成八）年十月、またもや大発見のニュースが流れた。神庭荒神谷遺跡から南東三・四キロの加茂《かも》町岩倉《いわくら》（島根県大原《おおはら》郡）の山中で、農道工事中に銅鐸三〇余が出土したのだ。その数は入れ子になっているものやあらたに発見されたものを含めて三九個に達した。文様《もんよう》は袈裟《けさ》襷文《だすきもん》と流水文《りゅうすいもん》で、高さは三〇〜四六センチである。そのうち一五個八組が同じ鋳型《いがた》でつくったもの（同笵《どうはん》）であった。

いったいこれらの青銅器はどこでつくられたのだろうか。神庭荒神谷遺跡の銅剣はどうやら出雲で製作されたようで、片面に×印をきざみいれるのが通例だったらしい。しかし矛は九州北部でつくられ、鐸は畿内《きない》周辺でつくられて、ともに出雲へ運びこまれた可能性が高いとされる。また、加茂岩倉遺跡の銅鐸の多くは畿内でつくられて出雲へ搬入されたと考えられているが、一二個には荒神谷銅剣と同じ×印がきざまれているのが興味深い。

あいつぐ大量の青銅器発見は戦前からの有力な学説に見直しを求めることになった。哲学者和辻《わつじ》哲郎《てつろう》が提唱した弥生《やよい》時代の二大文化圏（北部九州の銅剣・銅矛文化圏と畿内中心の銅鐸文化圏）の対立という考え方である。それが荒神谷と加茂岩倉の発見により、第三の文化圏、出雲の王権の存在があきらかになった。この王権は、はたしてどのような勢力だったのだろうか。いずれまたビッグニュースが報じられるかもしれない。

2　神話と伝承

黄泉国《よみのくに》からの帰還

『記紀《きき》』神話によると、大八島《おおやしま》（洲）国《ぐに》とよばれる日本の国土と人間との生成は、イザナギ・イザナミ二神の協力によってなされた。ところが、女神イザナミは、火の神カグツチを生んだとき、身体を焼かれて死に、死者の世界、黄泉国へ去ってしまう。

痛嘆したイザナギは、イザナミのあとを追って黄泉国へいき、「今いちど戻ってほしい」と懇願した。イザナミは「黄泉国の神々と相談するから、その間けっしてみるな」といって奥へ引きこむが、まちくたびれたイザナギは約束を破ってのぞきこんだ。醜くかわっているイザナミの姿をみて逃げだしたイザナギに「よくも私をはずかしめたな」と怒ったイザナミは、黄泉醜女《よもつしこめ》たちにあとを追わせた。

イザナギは逃げながら髪の飾りを投げてはブドウにし、櫛《くし》を投げてはタケノコにして、醜女たちがむさぼり食べる時間をかせいだ。イザナミはさらに一五〇〇の雷神《らいじん》たちの黄泉軍《よもついくさ》に追わせたが、イザナギは黄泉国との国境になる黄泉比良坂《よもつひらさか》でモモの木から実を三つとって投げつけ、それを恐れた軍勢はことごとく逃げ帰った。

最後にイザナミ自身が追ってきた。イザナギは千引《ちびき》の石《いわ》で坂道をふさぎ、二神は石をあいだにして問答した。イザナミは「今後、あなたの国の人間を一日一〇〇〇人ずつ殺そう」といい、イザナギは「それなら私は一日一五〇〇の産屋《うぶや》をたてる」といい返した。

この神話は古代人の生活・思想・習俗を反映していておもしろい。話の舞台は横穴古墳、黄泉国は古墳の玄室《げんしつ》で、千引の石は閉塞石《へいそくせき》と考えられよう。モモの話からは、モモが邪気をはらうという思想が読みとれる。

八俣大蛇《やまたのおろち》

『古事記』によると高天原《たかまがはら》から追放されたスサノヲは、出雲《いずも》国の肥《ひ》の川（島根県斐伊《ひい》川）の川上の鳥髪《とりがみ》の地に降りたった。みれば老夫婦が娘をなかにして泣いている。事の次第を問うスサノヲは、ようやく事情がわかってきた。老夫婦は国つ神の子で、アシナヅチ・テナヅチといい、娘はクシナダヒメという。この地には悪い大蛇がいる。八つの頭と八つの尾をもち、身体は苔《こけ》むし、八つの谷と山をこえるほど巨大で、目は赤くらんらんと輝く。名づけてヤマタノオロチ（『日本書紀』は八岐大蛇）という。オロチは毎年やってくると、老夫婦の八人の娘をつぎつぎと食べた。そして今年はいよいよ最後に残ったクシナダヒメの番なのである。

スサノヲは対策を考えた。娘を櫛《くし》にかえてみずからの髪に刺（挿）し、老夫婦には八度も発酵《はっこう》さ

スサノヲと八俣大蛇（中野大元神楽。島根県石見町）

せた強い酒をつくらせる。つぎに垣根をかまえ、八つの門ごとに酒槽《さかふね》（酒の容器）をおいて、酒をなみなみと満たした。やがてオロチがあらわれた。八つの酒槽に八つの頭をそれぞれいれるとぐっと飲みほし、酔いしれて眠ってしまった。スサノヲは腰の剣《つるぎ》をぬき放ち、オロチの頭をつぎつぎときりおとし、身体をさいた。河はたちまちまっ赤な血の流れとなった。尾をさいたとき、剣が欠けた。調べてみるとなかにみごとな大刀《たち》がある。とりだしたスサノヲは、これを天照大神《あまてらすおおみかみ》に献上した。のちに鏡・玉とともに三種の神器《じんぎ》となった草薙《くさなぎ》の剣がこれである。スサノヲはこうして出雲国に住みつき、クシナダを妻とした。この二人のあいだにもうけた六代目の子孫が大国主《おおくにぬし》神《のかみ》である。

『記紀《きき》』が伝えるこの話は、ギリシア神話に登場する英雄神ペルセウスと王女アンドロメダの話にきわめてよく似ている。研究者によると、この型の神話は洋の東西にみられ、日本の周辺では朝鮮・中国から東南アジア一帯に広がっているという。ヤマタノオロチは日本版の人身御供《ひとみごくう》の話であるが、舞台が出雲国なのはおもしろい。出雲は古来、砂鉄の産地として有名であり、銅剣三五八本の出土地でもあるからである。

大国主《おおくにぬし》の危難

オオナムチの神《かみ》は、稲羽《いなば》の素兎《しろうさぎ》の話で知られる大国主神のことである。八〇人もの兄弟からいつもいじめられていたオオナムチは、スサノヲのいる根堅州国《ねのかたすくに》にのがれてきた。そしてその娘のスセリヒメと結婚したのであるが、父神からつぎつぎに難題・試練を課せられる。

まず蛇のうようよいる部屋にとじこめられる。しかし妻から渡された呪力《じゅりょく》をもつ布を三度振ると、蛇はおとなしくなったので害をうけずにやりすごした。翌日の夜には百足《むかで》と蜂《はち》の部屋にいれられたが、これも同じようにして無事にでてきた。

つぎの難題は、原野に射た矢を拾ってくることであった。野に分けいって矢をさがしていると、周囲に火を放たれて囲まれてしまう。そのとき鼠《ねずみ》が現われて、「内はほらほら、外はすぶすぶ」といったので、その場所を踏んだところ鼠の穴にころげ落ちた。そしてその巣穴に隠れて火をやりすごし、矢も鼠がみつけてくれた。

つぎの難題は、スサノヲの頭の虱《しらみ》をとることであったが、頭には百足がむらがっていた。オオナムチが妻から渡された椋《むく》の実をかみくだき、赤土を口に含んで吐きだすと、スサノヲはムカデをくい破ったと思いこみ、感心なやつだと思って寝こんでしまった。

それをみたオオナムチは妻を背負い、大刀と弓矢を奪って逃げだした。目をさましたスサノヲは黄泉比良坂《よもつひらさか》まで追いかけ、はるかにのぞみみて、「その大刀と弓矢で兄弟を追い伏せて大国主神となり、娘のスセリヒメを正妻とし、壮大な宮殿をたてて住め」と叫んだ。

そしてそのようにオオナムチは大国主神となり、葦原中国《あしはらのなかつくに》の支配者となるのである。そのあとの神話は、天孫降臨《てんそんこうりん》と大国主の国譲《くにゆず》りへと展開していくことになる。そしてこの大国主をまつる壮大な神殿が、出雲大社《いずもたいしゃ》である。

道にまちかまえる猿田彦《さるたひこ》

寺社の境内《けいだい》や古い道のほとりなどで「猿（猨）田彦大神」ときざんだ石碑にでくわすことがままある。この神はいったいどういう神なのだろうか。

『記紀《きき》』神話によると、ニニギノミコトが高天原《たかまがはら》から地上に降臨《こうりん》しようとしたとき、天八衢《あめのやちまた》に巨大な神がまちかまえていた。背丈は七尺余、鼻は長く、目は鏡のように輝き、まっ赤である。ミコトの供をしていたアメノウズメが問いかけると、「私は国つ神のサルタヒコ。天孫降臨と聞いて、その先導をしようと思ってまっていた」とこたえる。ミコトは彼の案内をうけて筑紫《つくし》の日向高千《ひゅうがたかち》穂《ほ》のクシフル峰《たけ》に降り、役をおえたサルタヒコはアメノウズメとともに伊勢《いせ》の狭長田《さなだ》の五十鈴《いすず》川の川上へいった。このことにより、アメノウズメの子孫の女は猿女君《さるめのきみ》と称することになる。『古事記』はさらに伝える。サルタヒコはその後、伊勢の阿邪訶《あざか》の海で漁をしたとき、比良夫《ひらぶ》貝（シャコ貝か）に手を食いあわされておぼれ死んだというのである。

猿田彦大神の碑（神奈川県藤沢市）

　どうやらサルタヒコは天孫族とは異なる伊勢の土着の神であり、また、海浜に住む安曇《あずみ》族とよばれる海人《かいじん》族の首長らしい。サルタヒコの名については「神稲《さる》の田《た》」を意味するとの説があるが、琉球《りゅうきゅう》語のサダル（先行する）からきたとする説もある。

　道のほとりでまっていたサルタヒコはやがて道の神、交通安全の神としてうやまわれる。それが、『記紀』に伝える黄泉比良坂《よもつひらさか》をさえぎった千引《ちびき》の石《いわ》を神格化した塞《さえ》の神（悪疫《あくえき》防除の神）や中国の行路の神（道祖神《どうそじん》）と習合する。さらにサルの名から庚申《こうしん》信仰の申《さる》とも結びつく。道のほとりに道祖神・猿田彦大神などの碑をみたら、こんなことを思いだしてみるといい。

天之日矛《あめのひぼこ》

あるとき、新羅《しらぎ》の阿具沼《あぐぬま》のほとりで昼寝をしていた女が、日光に感じてみごもり、赤い玉をうんだ。新羅の王子天之日矛はふとしたことからその玉を手にいれたが、玉が美しい娘に化したので妻とした。それ以来、その娘はいつも美味な食事を夫に食べさせていたが、天之日矛がおごりたかぶって妻をののしると、女は「私はあなたの妻になるべき女ではないので、祖国にいく」といって日本に渡り、難波《なにわ》にとどまった。

天之日矛は妻を追って難波にいこうとしたが、渡《わたり》の神にさえぎられたため、但馬《たじま》の国に至ってその地の女を妻にした。その子孫は田道間守《たじまもり》(垂仁《すいにん》天皇の命により、常世国《とこよのくに》から橘《たちばな》の実をもたらすという伝承で知られている)、さらには葛城高額比売《かずらきのたかぬかひめ》(神功《じんぐう》皇后)に至る。天之日矛は珠《たま》や呪力《じゅりょく》をもった布や鏡などの宝物をもってきたが、それらは出石《いずし》神社にまつられている。

以上は『古事記』の伝える天之日矛の伝承であるが、ほかにも『日本書紀』『播磨国風土記《はりまのくにふどき》』『古語拾遺《こごしゅうい》』など多くの古代文献にその伝承が散見する。

はたして天之日矛とはなにもので、いつごろ渡来してきたものなのか、まったくもってわからない。しかし天之日矛という名が鉄に関係があることや、『日本書紀』には、近江国《おうみ》鏡村《かがみのむら》の陶人《すえびと》（須恵器《すえき》工人）が天之日矛の従者であると記されていることからして、先進技術者集団を率いて新羅の有力者が渡来し、但馬地方に定着繁栄したということが、伝承の核となったとみてよいであろう。但馬地方の古墳には、朝鮮半島南部の墓制との共通点が指摘されており、そのことを裏づけている。

また『古事記』の系図が事実であれば、神功皇后は応神《おうじん》天皇の母であるから、皇統に新羅王族の血がはいっていることになる。ちなみに桓武《かんむ》天皇の母である高野新笠《たかののにいがさ》は、百済《くだら》系渡来人の子孫である。

稲荷《いなり》信仰

稲荷神社といえば狐《きつね》がつきもの。稲荷寿司は狐の好物とされる油揚《あぶらあげ》の寿司である。しかし本来の稲荷信仰は、狐とはまったく縁のないものであった。

『山城国風土記《やましろのくにふどき》』逸文《いつぶん》によれば、秦伊侶具《はたのいろぐ》という富裕のものが稲を積みあげて奢《おご》り、餅を的《まと》にして弓で射た。すると餅は白鳥になって飛びかけり、ある山の峰に舞いおりた。そしてそこに稲がおいいでたので、社殿をたてて「稲生《いな》り」と称した。またその子孫は伊侶具のあやまちを悔い、社の杜木《もり》をぬいて自分の家の庭に植え、神をまつったという。

高松最上稲荷（岡山市）

同じような説話は『豊後国風土記《ぶんごのくにふどき》』にもみられる。富み栄えた農民が餅を的にして射ると、餅は白鳥になって飛び去り、田が荒れてしまったという。これらの説話に共通する白鳥は明らかに稲魂《いなだま》である。すなわち「稲荷」は「稲生」であって、本来は農産をつかさどる神であった。

祭神は稲荷大神すなわち宇迦之御魂大神《うかのみたまのおおかみ》、一名御食津神《みけつかみ》（「宇迦」は「食《うけ》」の意味）である。ところが「御食津」は狐の古称である「狐《けつ》」につうじるため、中世には、「御食津神」は「三狐神《みけつかみ》」であって、稲荷山の稲荷三座であるとか、狐は稲荷の使いであるという俗信を生じるに至った。

江戸時代になると、田沼意次《たぬまおきつぐ》が邸内《ていない》に稲荷社をまつったために出世をしたという話が広まった。そのため田沼政権のころには、武家の邸内に稲荷を勧《かん》請《じょう》することがはやり、庶民のあいだにも広まっていった。江戸時代の諺《ことわざ》に「江戸に多きものは伊勢屋《いせや》稲荷に犬の糞《くそ》」といわれたほどに、至るところにまつられたのである。

こうして農耕神であった稲荷は開運の神へと変容し、今日に至るのである。今日でも稲荷神社の数は全国に三万余社。個人の邸内祠《ていないし》まで含めると、その数は無数である。

● 仏教系のお稲荷《いなり》さま ●

稲荷大神をまつる神社は全国で三万余、あらゆる神社のなかでもっとも多く、その総元締めが京都の伏見《ふしみ》稲荷大社である。

ところがこれとは別系統のお稲荷さまもある。愛知県の豊川《とよかわ》稲荷（曹洞宗妙厳寺《そうとうしゅうみょうごんじ》の鎮守《ちんじゅ》）や岡山県の高松最上《たかまつさいじょう》稲荷（日蓮宗妙教寺《にちれんしゅうみょうきょうじ》の鎮守《ちんじゅ》）がそれで、胎蔵界曼荼羅《たいぞうかいまんだら》に登場する荼吉尼天《だきにてん》（陀枳尼真天《だきにしんてん》）をまつる。荼吉尼天は夜叉《やしゃ》の類《たぐい》で大黒天《だいこくてん》の眷属《けんぞく》ともいい、ヒンドゥー教ではカーリー女神の従者で人間を食べるとされる。別号を白辰狐王菩薩《びゃくしんこおうぼさつ》ともいい、狐にまたがる姿であらわされるところから、稲荷の狐と習合《しゅうごう》した。京都の東寺《とうじ》の守護神が稲荷大神であったところから、稲荷＝白狐＝荼吉尼天としてはやくから習合が進んだのであろう。

3　大和の王権

野見宿禰《のみのすくね》

昭和《しょうわ》天皇はよく相撲《すもう》を観覧したが、天覧《てんらん》相撲の史料初見は六四二（皇極《こうぎょく》天皇元）年のこと。説話としては垂仁《すいにん》朝までさかのぼる。

垂仁天皇七年のこと、その名も強そうな当麻蹶速《たぎまのけはや》というものが、「自分ほど力の強いものはいないであろう。強いというものがいれば、生死をかけて力比べをしたいものだ」と自慢していた。そこで天皇は、天下に豪《ごう》のものをさがさせると、出雲《いずも》国に野見宿禰というものがいるという。そこでさっそく召しだして対戦させた。

相撲といっても『日本書紀』は「足を挙《あ》げて相蹶《ふ》む」と記しているから、たがいにけりあったのであろう。野見宿禰は当麻蹶速の脇骨をおり、腰をふみおって殺してしまった。そこで蹶速の領地を没収して野見宿禰に賜ったので、彼はそのままとどまって天皇につかえたという。

このように相撲は古くから行われており、褌《ふんどし》をしめ力士の姿をした埴輪《はにわ》も発見されている。その埴輪のことであるが、野見宿禰は埴輪の起源説話の主役でもある。

垂仁天皇二十八年、天皇の弟の葬儀において、近習者《きんじゅうしゃ》を生きたまま陵墓《りょうぼ》の周囲に埋めてたてた。

相撲《すもう》の始まり

「すまい」（相撲）は相手の攻撃をふせぐ、争うの意で、弥生《やよい》時代から農耕儀礼の一つとして神事相撲があった。古墳時代には褌《ふんどし》をしめた力士の埴輪《はにわ》もつくられている。これが宮中にも取りいれられ、六四二年七月二十二日、百済《くだら》の使いの歓迎に健児《ちからひと》に相撲をとらせたとある。

令《りょう》制では相撲《すまい》の節《せち》は七月七日に行われることになったが、八二六（天長三）年から七月十六日となり、その後も改定があった。節においては左右各二〇人の相撲人が登場し、二〇番（のち一七番）行われた。このとき、相撲人は褌のうえに狩衣《かりぎぬ》をつけ、烏帽子《えぼし》をかぶって登場した。

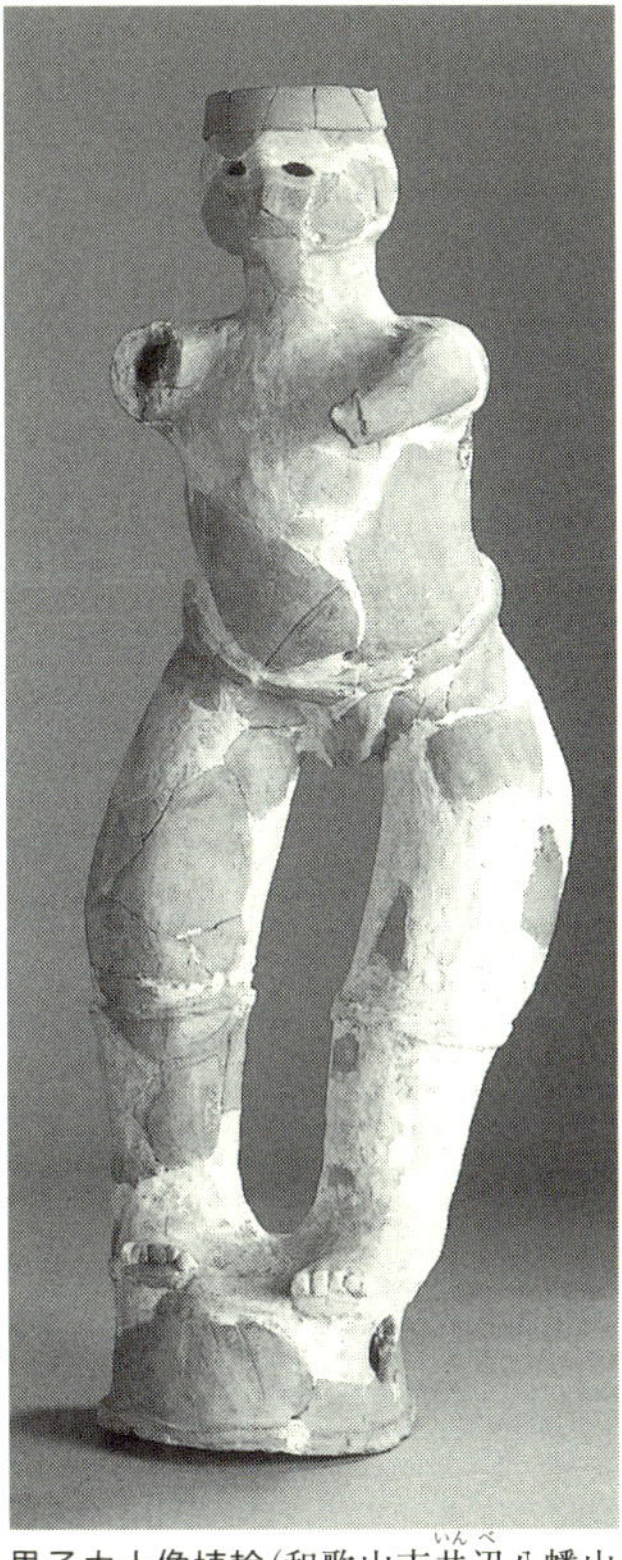

男子力士像埴輪（和歌山市井辺《いんべ》八幡山古墳出土）

彼らは昼夜泣きさけんでいたが、日ならずして死に、犬や烏《からす》が死体にむらがった。天皇はこれに心を痛め、古来の風習ではあるが、以後の殉死《じゅんし》を禁止したのである。

そして垂仁天皇三十二年、皇后日葉酢媛《ひばすひめ》の葬儀について天皇が群臣にはかったところ、野見宿禰が進みでて、殉死にかわる方法を協議して奏上《そうじょう》したいとこたえた。そこで野見宿禰は故郷の出雲から一〇〇人の土部《はじべ》をよびよせ、埴《はにつち》をとって人・馬や種々の物の形をつくって献上し、今後はこの土物《はに》をもって生きた人にかえて陵墓にたて、のちの世の法則《のり》にしたいと奏上した。天皇はとても喜んでこれを「埴輪《はにわ》」と名づけ、彼の功を賞して土部の職《つかさ》に任じた。よって本姓を改めて土師臣《はじのおみ》と称し、土師連《はじのむらじ》の始祖となったという。

埴輪の殉死代用起源説は、考古学的には事実とは認められないが、土師氏の祖と天下無双の力士という取りあわせがなんともおもしろい。

武内宿禰《たけのうちのすくね》と盟神探湯《くかたち》

事実はともかくとして、『記紀《きき》』によれば古代の天皇は異常に長命である。しかし、それ以上に長命なのは、武内宿禰であろう。なにしろ景行《けいこう》・成務《せいむ》・仲哀《ちゅうあい》・応神《おうじん》・仁徳《にんとく》の五代の天皇につかえ、官にあること二四四年という。また葛城《かずらき》・平郡《へぐり》・巨勢《こせ》・蘇我《そが》氏など、大和《やまと》の有力豪族の共通の祖とされているから、いくつかの伝承やモデルが集成された伝説上の人物と考えられている。

応神天皇九年というから、五世紀初めのころのことである。武内宿禰が筑紫《つくし》に農民の監察に赴いた留守に、弟の甘美内宿禰《うましうちのすくね》が、兄が謀叛《むほん》を企てているとして讒言《ざんげん》し、これを信じた天皇が武内宿禰を殺そうとした。しかし彼は無実であると訴えて天皇の前で兄弟が争ったが、結局は盟神探湯をもって決することになった。

盟神探湯とは、神に祈誓したうえで熱湯のなかに手をいれて、火傷をおうかどうかで正邪を判定しようという、一種の神前裁判である。

結果は武内宿禰が勝ち、無実が証明されたことになっている。はたして本当に熱湯に手をいれたのだろうか。このときの盟神探湯については、『日本書紀』は具体的状況をなにも語らない。しかし允恭《いんぎょう》天皇四年、氏姓をいつわるものが多いので盟神探湯によって正させたとき「実《まこと》を得る者は自《おの》づから全《また》く、実を得ざる者は皆傷《やぶ》れぬ」と記されているところをみると、実際に行ったものだろう。もっともそれ以降、邪心のあるものは「預《あらかじ》め退《しりぞ》きて進むこと無《な》し」と記されているように、熱湯を前にしておじ恐れる態度で、おのずからそれとわかったというのが実際なのではなかろうか。

皇后に頭があがらない仁徳《にんとく》天皇

仁徳天皇の皇后は、葛城襲津彦《かずらきのそつひこ》の娘石之比売《いわのひめ》である。天皇には、ほかにも髪長比売《かみながひめ》・八田若郎女《やたのわきいらつめ》・宇遅能若郎女《うぢのわきいらつめ》らの妃《きさき》がいた。一夫多妻が当然の時代、四人の妃がいることは珍しくはないが、石之比売は異常なまでに嫉妬《しっと》深く、さすがの仁徳天皇も頭があがらなかった。天皇につかえる侍女たちが平素と異なったそぶりでもみせると、皇后が露骨に嫉妬をするので、うっかり宮殿にもはいれないほどであった。

天皇が吉備海部直《きびのあまべのあたい》の娘黒日売《くろひめ》を宮中に召したが、黒日売は、皇后の嫉妬を恐れて故郷の吉備へ逃げていった。天皇は黒日売の船が難波《なにわ》の海に浮かんでいるのを高殿《たかどの》からみて、黒日売を惜しむ歌をよむと、それを聞いた皇后は激しく怒り、人をやって黒日売を船からおろさせ、陸路を歩いていくようにと追い返してしまった。あきらめきれない仁徳天皇は「淡路島《あわじしま》をみたい」といって皇后をあざむき、そのまま吉備までいってしまったという。

またあるとき、皇后が新嘗祭《にいなめのまつり》の酒宴に用いる柏の葉をとりに紀伊《きい》国にでかけている留守に、天皇が異母妹の八田若郎女《やたのわきいらつめ》と結婚をした。皇后はこれを聞いて激怒し、難波の堀江《ほりえ》（淀《よど》川）をさかのぼって皇居のある高津宮《たかつのみや》をとおりすぎ、山背《やましろ》国までいってしまった。そして筒城岡《つつきのおか》に宮をたてて別居してしまったのである。その後、天皇は皇后をつれ戻そうとして歌を贈ったりみずから迎えにいったりしたが、結局皇后は戻らず、筒城宮でなくなってしまった。

あれほどまでに巨大な陵《みささぎ》をつくらせた仁徳天皇であるのに、皇后には頭があがらなかったのは、その性格によるところもあるかもしれないが、皇后の出身氏族である葛城《かずらき》氏の存在がそれだけ大きかったからでもあろう。

江田《えた》船山《ふなやま》古墳鉄刀の発見

江田船山古墳出土の鉄刀といえば、埼玉《さきたま》古墳群稲荷山《いなりやま》古墳出土の鉄剣とともに、「獲加多支鹵大王《わかたけるのおおきみ》」（雄略《ゆうりゃく》天皇）の名前を含んだ銘文《めいぶん》が象嵌《ぞうがん》されていることで知られている。長さは九〇・七センチもあるが、写真でみるといやに細くみえる。それは銀象嵌の銘が、刀背（棟）にきざまれているからである。

そもそもこの鉄刀が発見されたのは、一八七三（明治六）年のことであった。熊本県玉名《たまな》郡江田村の農民池田佐十郎は、元日未明に不思議な初夢をみた。白衣《びゃくえ》を着た神（白虎《びゃっこ》という説もある）が夢にあらわれ、おまえの畑を掘れといったという。半信半疑の佐十郎が掘ってみると、はたして二メートル以上もある巨大な石棺《せっかん》につきあたった。おそるおそるあけてみると、なかには鏡が六面、鉄刀が一二本、ほかにも金銅《こんどう》製の甲冑《かっちゅう》、冠・沓《くつ》、勾玉《まがたま》や金製耳飾りなど、おびただしい宝物がぎっしりとならんでいるではないか。

佐十郎はさっそく、県庁にどうしたものかととどけでた。しかし県庁でもその処置に困り、さらに司法省におうかがいをたてたところ、大蔵省へさしだすようにという。結局は買いあげて、東京国立博物館の前身である博覧会事務局で保管することになった。

代金は八〇円であったが、白米一〇キロが三六銭で買えたころ（明治五年の相場）の話であるから、現在の価値に換算すると数十万円の大金である。発見者にとっては神様からいただいたお年玉であり、歴史研究者にとっては貴重な史料の散逸《さんいつ》をまぬがれたわけで、まことに霊験《れいげん》あらたかな神のお告げであった。

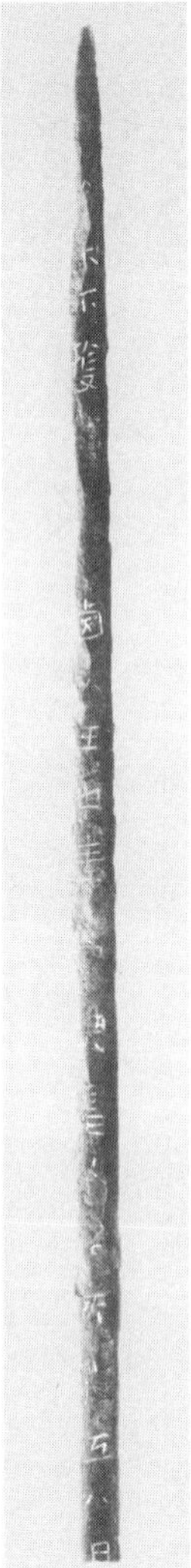
熊本県江田船山古墳出土、銀象嵌大刀

悪行《あくぎょう》天皇

歴代天皇のなかで、武烈《ぶれつ》天皇ほど悪様《あしざま》に書かれている天皇はあるまい。『日本書紀』は、「頻《しきり》に諸悪《もろもろのあしきこと》を造《し》たまふ。一も善《よきこと》を修《おさ》めたまはず」と記している。

あるとき、妊婦の腹をさいてその胎児をみた。また人の生爪《なまづめ》をはいで山芋《やまいも》を掘らせた。また人の頭の髪をぬいて木の高いところにのぼらせ、その木をきり倒して、のぼった人がおちて死ぬのをみて楽しんだ。また人を池の水を流すための樋《ひ》にもぐりこませ、外にでてくるのを矛《ほこ》で刺し殺して楽しんだ。また人を木のうえにのぼらせ、弓で射おとして笑った。

きわめつきは、女たちを裸にして平板《ひらいた》のうえにすわらせ、その前で馬を交尾させる。そして女たちの陰部を調べてうるおっているものを殺し、そうでないものを官婢として召しあげて楽しんだ。そしてみずからは暖衣にくるまり、農民が寒さにふるえることを忘れ、美食にこって天下の飢えを忘れた。日夜酒におぼれてみだらなたわむれにふけったという。

それならなぜこれほどまでに、書くことをはばかられるほどの悪行を、『日本書紀』は隠しもせずに書きたてるのだろうか。それは皇位継承《こういけいしょう》ということにかかわっている。

武烈天皇には皇位継承者がなく、応神《おうじん》王朝は武烈天皇で断絶した。それで応神天皇五世の孫と伝えられる男大迹《おおど》王を継体《けいたい》天皇として擁立《ようりつ》するのであるが、それには継体天皇にはじまる皇統の正統性を強調しなければならない。そのためには武烈天皇をことさら悪行の天皇であるとする必要があったのであろう。もっとも火のないところに煙はたたないというから、それなりの乱暴な行為はあったのではあろうが。

キトラ古墳と朱雀《すざく》

奈良県高市《たかいち》郡明日香《あすか》村にあるキトラ古墳は二段築造の円墳《えんぷん》で、墳丘《ふんきゅう》の直径は約一四メートル、高さは約三・三メートルある。七世紀末から八世紀初頭の古墳とみられ、藤原宮《ふじわらきゅう》跡から南にのばした一線上に天武《てんむ》・持統《じとう》天皇陵、高松塚《たかまつづか》古墳などがならぶ通称「聖なるライン」の最南端に位置している。キトラの名称は、周囲の字《あざ》名の「北浦」が転じたものといわれている。

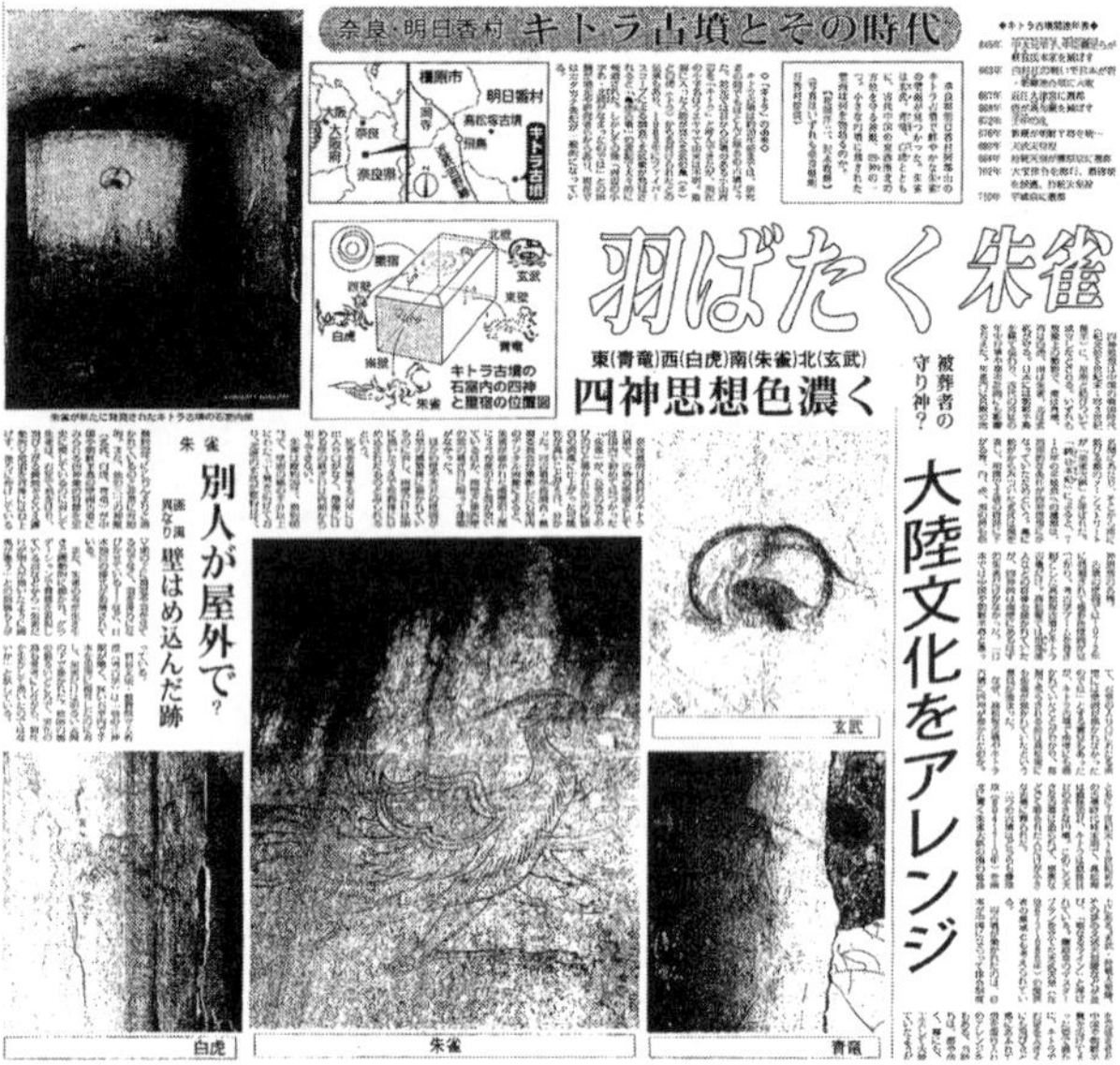
奈良・明日香村 キトラ古墳とその時代

羽ばたく朱雀

被葬者の守り神?

大陸文化をアレンジ

東(青竜)西(白虎)南(朱雀)北(玄武)

四神思想色濃く

朱雀

別人が屋外で?

壁はめ込んだ跡

玄武

白虎

朱雀

青竜

キトラ古墳の朱雀(『毎日新聞』2001年4月6日付新聞記事)

一九八三（昭和五十八）年のファイバースコープによる探査以来、三度の調査が行われてきた。この間南西端の盗掘穴から石槨《せっかく》（棺をおさめる石の囲い）内を、ハイテク機器を利用した「掘らずにみる」調査が試みられた。一九八年三月の調査では、超小型ビデオカメラで北壁の玄武《げんぶ》、西壁の白虎《びゃっこ》、東壁の青竜《せいりゅう》、天井には古代中国の星座を描いた星宿《せいしゅく》などの撮影に成功した。北斗七星《ほくとしちせい》などを描いたこの天文図は、中国に現存する天文図より約五〇〇年古いものであることがわかった。

二〇〇一（平成十三）年三月の三回目の調査では、小型デジタルカメラで南壁の朱雀が確認され、キトラ古墳が日本初の四神《しじん》のそろった壁画古墳であることが判明した。通常、石槨内で被葬者は北まくらに安置され、南側の石の扉がしめられる。したがって、盗掘者は構造上もっとも弱い南側をこわしてはいるのが通例であった。朱雀はその南の守護神なのだ。事実、キトラ古墳より一まわり大きい高松塚古墳でも、盗掘で石槨の南側がこわされ、朱雀だけが発見されなかった。つまり、四神がすべてそろった状態にあることが奇跡に近いといえよう。

今回みつかった朱雀像は、ほかの青竜や白虎の倍近い大きさで描かれている。唐《とう》や高句麗《こうくり》の影響をうけているが、さまざまな独自の工夫もみられる。朱を基調とした顔の表情や羽、足も巧みでいきいきとしており、今まさにとびあがろうという状態で躍動感が感じられる。頭や身体の線がとても愛らしく、日本風の味つけがなされているという。

なお、今回は青竜の下にトラ（寅）とみられる顔に武人の衣装を着けた十二支《じゅうにし》の「獣頭人身像」がみつかっており、これは東アジアで最古のものという。被葬者は、星宿図や四神図の存在から王族クラスであることは間違いない。皇女《おうじょ》の可能性もあるという。高松塚古墳と同様に、キトラ古墳は今後の古代文化を理解するうえで貴重な遺跡となるであろう。

雲太《うんた》の太《ふと》しき宮柱《みやばしら》

一九九三（平成五）年発行の『日本史こぼれ話』に「壮大な出雲大社《いずもたいしゃ》」の話をのせた。その要点は、『記紀《きき》』の伝えによると、出雲大社は大国主《おおくにぬし》神が国ゆずりの代償として天《あま》つ神につくらせた社《やしろ》であり、その規模はきわめて大きかった。十世紀の『口遊《くちずさみ》』にも「雲太・和《わ》二《に》・京三《きょうさん》」とあり、そのころの社殿の高さは一六丈（四八メートル）もあったというのである。

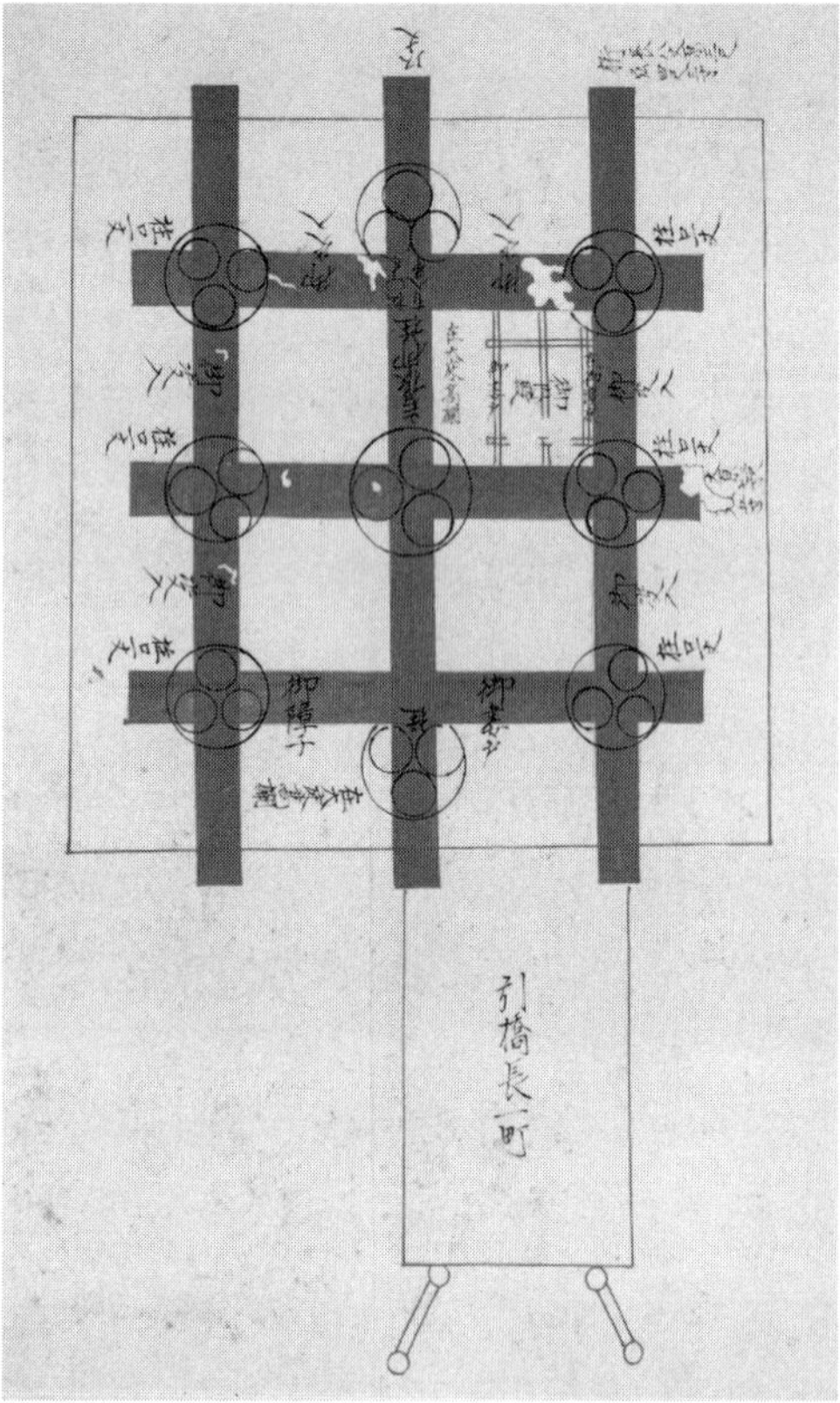

「金輪御造営差図」　まん中の大きい丸の部分が心御柱。

二〇〇〇（平成十二）年四月、この点に関して大社町の教育委員会はおどろくべき発表をした。拝殿の地下室建設のため、九九年九月から発掘調査をしていたが、現本殿と拝殿のあいだの深さ一・六メートルの地下から平安後期の本殿をささえていた柱の根元の部分が二カ所出土した。柱根は丸太三本を金属製の輪で一つに束ね、直径は約三メートルもある。

すぐに思いあたったのが出雲国造千家《こくぞうせんけ》氏の家に伝わる「金輪《かなわ》御造営差図《さしず》」であった。この図は平安時代の神殿を伝えるものといわれ、一辺一二メートルの正方形の平面をもち、ここに前頁図のように九本の柱を田の字形にならべて神殿をささえ、神殿から地上におりる階段（引橋《ひきはし》）は長さ約一町（一〇九メートル）にもおよぶとしている。今回発掘の柱は心御柱《しんのみはしら》と南東側柱であろうと推定されるが、差図の状況ときわめて似かよっている。

高さ一六丈という雲太の神殿の存在はぐんと客観性を強めた。もちろん疑問もある。地中一・六メートルぐらいの深さでは、五〇メートルもの高さの神殿をささえる柱を直立させえないのではないか。しかし調査・研究の結果、柱の直立のさせかた、基盤の固めかたなどにもさまざまの工夫がこらされていることがわかったという。それにしても奈良の大仏殿をしのぐ巨大な社殿をもつ出雲という国はどういう国だったのだろうか。興味はつきない。

4　飛鳥古京

慈悲深い聖徳太子《しょうとくたいし》

のちに「聖徳」と称賛されるだけあって、厩戸皇子《うまやどのおうじ》、すなわち聖徳太子は、仏教信仰に裏づけされた慈悲の心に満ちていた。

六一三（推古《すいこ》天皇二十一）年十二月、太子が大和国《やまと》の片岡《かたおか》にでかけたときのことである。道のかたわらに飢えた人が倒れていた。名前を聞いても返事がない。哀れに思った太子は水と食糧をあたえ、衣服を脱いでかけてやり、「安《やす》らかに臥《ふ》せよ」といった。そして歌をよんでいった。「しなてる片岡山に　飯《いひ》に飢《ゑ》て臥《こや》せるその旅人《たひと》あはれ　親無《おやな》しに汝生《なれな》りけめや　さす竹《たけ》の君《きみ》はや無き　飯に飢て臥せるその旅人あはれ」。

つぎの日、太子が様子をみにいかせると、すでに死んでいるという。太子はおおいに悲しみ、手あつく葬ってやった。数日後、太子は、「先日飢えて死んだのは、きっと真人《ひじり》であろう」という。そこで墓を調べてみると、屍《しかばね》はすでになく、ただ棺《ひつぎ》のうえにたたんだ衣服がおかれているだけであった。それで太子はつねのようにその衣服をまとったのであった。人びとはおおいにおどろき、「聖《ひじり》の聖を知ること、其《そ》れ実《まこと》なるかな」といって、いよいよかしこまったという。

「真人」云々はともかくとして、これに類する逸話《いつわ》はたくさんあったことであろう。『日本書紀』は、太子の死に最大限の哀悼《あいとう》をあらわしている。諸王・諸臣・天下の百姓はことごとく、愛児を失えるがごとく、慈父母を亡《うしな》えるがごとく、その泣く声は行路《みち》に満ちたという。多少割り引かねばならないとしても、聖徳太子が慈悲深い人格であったことは、まぎれもないことであった。血で血を洗う抗争が日常的であったころだけに、その人格は今日の人びとが感じる以上に印象深かったことであろう。

法隆寺《ほうりゅうじ》を支えた檜《ひのき》

七世紀末に再建されたとはいえ、法隆寺は現存世界最古の木造建築物である。部分的に後世の修理の手がはいっているが、一三〇〇年たってもなお当初の姿を保っていることは、驚異に値する。長年法隆寺の修復にたずさわり、「昭和最後の宮大工」といわれた西岡常一《にしおかつねかず》は、その秘密は用材の「檜《ひのき》」にあるという。

鎌倉時代以降、寺社建築には欅《けやき》が用いられるようになるが、檜と欅の用材としての強度を実験によって比べてみると、新材のときは欅は檜の二倍の強度をもっている。ところが欅の強度は劣化がはやく、数百年もしないうちに檜以下になってしまう。それに対して檜は、用材となってから一〇〇〇～二〇〇〇年間はかえって強度が増加し、その後徐々に減少するものの、一〇〇〇年たってようや

二つの寺名

斑鳩寺は法隆寺、飛鳥寺は法興寺というふうに、飛鳥時代のころの寺院は二つの名称をもっていた。一つは地名、今一つは法号《ほうごう》からつけられたものである。所在地からつけられた寺名は「いかるがのてら」「あすかのてら」というふうによむ和風の呼称で、これに対して、のちの呼称は「ほうりゅうじ」「ほうこうじ」と中国風の法号でよぶ。天智《てんじ》・天武《てんむ》朝以降になると、法号の寺名がしだいに支配的になり、地名による和風の寺名はすたれていった。この変化は私的な氏《うじ》の仏教から、公的な国家の仏教への推移を示すものといえよう。

く新材のときの強度に戻るという結果がでている。

建築材としての寿命は欅や松で四〇〇年、杉の赤身のよい部分で七〇〇〜八〇〇年というが、檜はどれくらいあるのだろうか。法隆寺の一三〇〇年より古いデータがないのでわからないが、西岡は少なくとも樹齢以上はもつという。

たとえば法隆寺の直径七〇センチの丸柱は、直径二・五メートルの丸太を四つに縦に割って、さらに丸く削りだしたものである（芯持柱《しんもちばしら》はあとでひびがはいるので、絶対に使えない）。これだけの太さの檜の樹齢は、少なく見積もっても二〇〇〇年以上はあるから、法隆寺はなお七〇〇年以上はもつということになる。西岡によれば、一三〇〇年も風雪にたえてきて、表面はさすがに風化してみえるが、二〜三ミリも鉋《かんな》で削ってみると、檜特有の芳香がただよってくるという。法隆寺の木は、今も生きているのである。

法隆寺をたてた工人が檜を選んだことは、じつに達見であった。しかし新材のときは檜より堅牢にみえる欅を選ばなかったのは、その経年変化を知っていたからではなく、工具の未発達が一因であった。丸太を建築用材にするための大型鋸《のこぎり》（大鋸《おが》）が中国から伝えられるのは、室町時代中期のこと。古代には、丸太の木目にそって楔《くさび》を打ちこんで縦に割るしか方法はなかったから、木目の複雑な欅は使えなかった。針葉樹は木目がよくとおっているが、なかでも檜は緻密《ちみつ》で粘りがあり、虫や湿気に強く、もっとも適していたのである。もし当時、大鋸があって欅が用いられていたら、法隆寺は建立当初の姿を今に伝えていなかったであろう。

狂《たぶれ》心《ごころ》の渠《みぞ》

中大兄皇子《なかのおおえのおうじ》が皇后間人《はしひと》皇女らとともに、孝徳《こうとく》天皇を難波《なにわ》長柄《ながら》豊碕宮《とよさきのみや》におきざりにして飛鳥《あすか》にもどってしまうと、孝徳天皇は憤死《ふんし》するように崩御《ほうぎょ》し、皇極太上《こうぎょくだじょう》天皇が重祚《ちょうそ》して斉明《さいめい》天皇が即位した。天皇はすでに六二歳の高齢であり、皇太子の中大兄皇子が実権を握っていた。この斉明朝には、なぜか大土木工事がつぎつぎに行われた。

その工事は、飛鳥の小墾田《おはりだ》に瓦葺《かわらぶき》の宮殿をたてることからはじまった。しかし用材の確保がう

●中大兄《なかのおおえ》の名●

ヤマトの大王の子や兄弟たちは王《おおきみ》・王子《みこ》とよばれていたが、天武《てんむ》天皇のころに天皇号が成立すると、天皇の子・兄弟にかぎって皇子とよばれることになった。一方、大兄の称は、本来は一番年上の兄の意で長子をさしたが、大王位継承者を意味するようになっていった。

舒明《じょめい》天皇は蘇我馬子《そがのうまこ》の娘、法提郎女《ほてのいらつめ》を夫人として古人《ふるひと》大兄皇子をもうけた。大兄の文字からみて皇位継承資格をもつ皇子である。ついで天皇は宝皇女（のち皇極《こうぎょく》・斉明《さいめい》天皇）を后《きさき》として葛城《かずらき》皇子・大海人《おおあま》皇子をもうけることになる。長子の葛城は皇位継承有資格者として大兄とよばれるが、すでに異母兄に古人大兄がいる。そこで中大兄とよばれるようになったのである。

まくゆかず、日本最初となるはずの瓦葺宮殿は失敗。結局、岡本にあらたな宮殿をたてた。ついで飛鳥の東にそびえる多武峰《とうのみね》（六一九メートル）に冠《かんむり》のように垣《かき》をめぐらし、その頂上には楼閣《ろうかく》のそびえる両槻宮《ふたつきのみや》をたてた。

また香久山《かぐやま》の西から石上山《いそのかみやま》まで、三万人の民を徴発して渠《みぞ》を掘らせ、七万人を徴発して二〇〇艘《そう》の船に石上山の石を積んで岡本宮《おかもとのみや》の東の山に運ばせ、石垣をつくらせた。そのため人びとはその渠を「狂心の渠」とよんだ。また「いくら石を山のように積み上げても、つくるそばからくずれてしまうだろう」といって誇《そし》ったと『日本書紀』は伝えている。徴発された人数が数万人というのはもちろん延べ人数ではあろうが、当時としては大土木工事であることにかわりはない。

この渠の一部と考えられる運河跡が実際に発掘されているが、幅は六〜一〇メートル、深さは一・三メートルもあり、長さは約一キロ以上と見積もられている。

二〇〇〇（平成十二）年正月、有名な酒船石《さかふねいし》のすぐ北西側から、亀をかたどった石造導水施設と石敷の階段やテラスが発見され話題となった（次項参照）。酒船石とその周辺の遺跡は、かねてから斉明朝の土木工事と関係が深いものと考えられていたが、この発見によってさらにその可能性が高まったといえよう。

しかしたび重なる工事は、民衆や反中大兄皇子派の不満・反感をつのらせたであろう。蘇我赤兄《そがのあかえ》がこの渠や石垣の工事を天皇の失政とし、孝徳天皇の子である有間《ありま》皇子に謀叛《むほん》をそそのかしておとしいれることになる。

水の都、飛鳥《あすか》古京

六〜七世紀にさかえた飛鳥古京は、謎《なぞ》とロマンに満ちている。石造物には石舞台《いしぶたい》古墳、猿石《さるいし》・亀《かめ》石《いし》・二面石《にめんせき》、鬼の俎《まないた》・鬼の雪隠《せっちん》などがあるが、酒船石《さかふねいし》・益田岩船《ますだいわふね》・須弥山石《しゅみせんせき》・石人像など水にかかわるものが多いのが注目される。

一九五九（昭和三十四）年、飛鳥古京で本格的・継続的な発掘調査がはじまった。京の中心にあ

酒船石遺跡の亀形石造物(奈良県明日香村)

る伝飛鳥板蓋宮《いたぶきのみや》跡は、飛鳥岡本《おかもと》宮(舒明《じょめい》天皇)、後《のちの》飛鳥岡本宮(斉明《さいめい》天皇)、飛鳥浄御原《きよみはら》宮(天武《てんむ》天皇)が重複しているが、宮跡西北の飛鳥水落《みずおち》遺跡(漏刻《ろうこく》台《だい》)、東北の飛鳥池遺跡、東の酒船石遺跡(水の祭祀《さいし》場)など、水にかかわる遺跡がつぎつぎと発掘された。とくに酒船石遺跡は湧水《ゆうすい》施設・小判形石造物・亀形石造物を組みあわせた特異な流水遺構で世人《せじん》の耳目《じもく》をあつめた。

一九九九(平成十一)年から行われた飛鳥京苑池《えんち》遺構の発掘調査は飛鳥の都に新しい見方をもたらした。苑池跡は宮跡の西に流れる飛鳥川ぞいにあり、どうやら飛鳥浄御原宮時代の「白錦《しらにしきの》後苑《みその》」にあたるものらしい。周辺からは多くの果樹・薬草の存在が確かめられ、都人たちの楽しみの場であったと思われる。

苑池はその北岸をまだ確認していないが、この時代に一般的な方形の池ではなく、池中に大きな中島をもつ東西七〇メートル、南北二〇〇メートルに近い広大なものだったらしい。池は底に石をしきつめ、周囲に護岸をめぐらしており、東西方向に走る堤で南北二つに分かれている。南池は東西・南北ともに六〇メートルの規模で、深さ約二メートル、南岸近くには流水にかかわる石造物があり、大正時代に発見された出水《でみず》の酒船石とつながって南から水を取りいれ、池中に放水していた。堤の北側の広い北池は深さ四メートルと南池の倍近く深く、池底の敷石も南池ほどきちんとしきつめていない。

これらの結果からみて、苑池は遊楽のみを考えてつくられたのではなく、都の水の調整にかかわっていたのではないかとの意見が生じた。飛鳥古京は豊富な地下水脈を利用して京全体に水路をめぐらした水の都で、その水が夏の熱気をさける働きをしていたのではないか。水路の排水はまず南の苑池、ついで北の池へ流れこむ。水量の多少は地下水脈によって調節され、最後には飛鳥川に放流される。こういったしくみは洪水の防止にも役立つ。このような都市計画がどこまでできていたのかはまだわからないが、古京周辺の水に関する施設も考えれば、水がきわめて重視されていたことだけは確かであろう。

富本銭《ふほんせん》とはどんな貨幣か

『続日本史こぼれ話』に、一九九九（平成十一）年一月、奈良県飛鳥池遺跡《あすかいけ》で、富本銭とその破片など三三点が発掘され、これが天武《てんむ》朝につくられた日本最古の貨幣であることがほぼ確実になったと記した（「古代人のまじない」）。その発見のいきさつをあらためて考えよう。

　富本銭は直径が平均二・四センチ、重さが四・五グラム前後で、表面中央の穴の上下に「富本」の文字、左右に七つ星が鋳出《ちゅうしゅつ》されている。じつをいえばこの銭貨は、一九八五（昭和六十）年に平《へい》城京《ぜいきょう》右京八条一坊の地（現大和郡山《やまとこおりやま》市）から、万年《まんねん》通宝・神功《じんごう》開宝とともに出土したが、貨幣博物館に江戸時代の絵銭《えせん》だろうと判定されてしまった。さらに一九九一・九三（平成三・五）年にも藤原京《ふじわらきょう》址からも出土したが、和同開珎《わどうかいちん》以前の貨幣とは断定できなかった。それが九九年の飛鳥池遺跡では大量に出土したうえ（現在四〇枚）、鋳銭のさいの溶銅の一部や鋳棹《いさお》の一部も出土し、貨幣鋳造が確認されたのである。

上から無文銀銭・和同開珎・富本銭

和同開珎以前の銭貨の存在は記録上ではわかっていた。『日本書紀』天武天皇十二年（六八三）四月の条に「今より以後、必ず銅《あかがねのぜに》銭を用いよ。銀《しろがねのぜに》銭を用いること莫《なか》れ」とあり、銀銭・銅銭の存在を語っていた。しかもここにみえる銀銭らしいものもすでに発見されていた。戦前の一九三九（昭和十四）年、滋賀県大津《おおつ》市の崇福寺《そうふくじ》塔跡から、直径三センチ、重さ九〜一一グラム前後の銀製円板一一枚が発見され、その後飛鳥地方などで数枚出土した。しかし、いずれも銭文《せんもん》がなく、貨幣だとは断定できなかった。今回の飛鳥池遺跡でも無文銀銭の小片三点が出土しており、これが『日本書紀』記載の銀銭である可能性は高い。

富本銭の「富本」の銭文は後漢《ごかん》の五銖銭《ごしゅせん》発行のさいの「富民の本は食貨に在り」という語句に由来したと思われる。おそらく天武朝はこの思想によって貨幣制度の導入をはかったのだろう。しかし、富本銭の出土は今のところ飛鳥古京・藤原京・平城京・難波《なにわきょう》京などにかぎられており、和同開珎の全国的分布に比べるべくもない。もういちど富本銭の文様をみよう。七つの星の文様は呪《じゅ》術《じゅつ》的な要素を感じさせる。和同開珎は交換・貯蔵手段として用いられただけではなく、柱穴や仏像の掌《てのひら》、あるいは火葬骨の下に封じこめたこともあるのだから、富本銭にも呪術的な用途があったかと思われる。少なくとも交換・貯蔵手段として広く用いられたとは思えない。

柿本人麻呂像

謎の歌聖《かせい》、人麻呂の死

万葉歌人柿本《かきのもとの》人麻呂《ひとまろ》といえば、まずだれもが知っている人物だが、どのような一生をすごしたのかと問われると、ほとんど知らないことに気づかされることだろう。わかっているのは、『万葉集』に約八〇首の歌を残し、藤原京《ふじわらきょう》の時代に天皇讃歌をうたいあげた宮廷歌人で、後世、歌聖とあがめられたということだけである。

しかしそれも無理からぬことである。人麻呂については正史になんの記載もなく、生没年や経歴も知られていない謎の人物なのである。十二世紀の末、僧顕昭《けんしょう》がまとめた「柿本朝臣《あそん》人麻呂勘文《かんもん》」は、諸書の伝えをまとめて紹介しているが、その要点は、先祖は不明、官位は三位もしくは六位、石見《いわみ》国鴨山《かもやま》で死んだとき、妻がなげいて歌をよみ、屍《しかばね》は大和《やまと》に移されて、添上《そえがみ》郡の柿本寺《かきのもとでら》に墓があるといったところである。

八世紀の初め、人麻呂は石見の鴨山でなくなった。このことも伝承にすぎないとの説もあるが、鴨山は現益田《ますだ》市高津の沖合いにあった鴨島で、十一世紀初めの大津波で島は海に没してしまったと伝える。これに疑問を呈したのが歌人斎藤《さいとう》茂吉《もきち》であった。茂吉は、鴨山は江川《ごうのかわ》の流域、内陸部の現邑智《おうち》町内にあり、六位以下の下級官人であった人麻呂はここで砂鉄事業を監督するうち、伝染病にかかって死んだのだと主張した。

斎藤説に異論を唱えたのは哲学者梅原《うめはら》猛《たけし》である。梅原は『水底《みなそこ》の歌』と題する人麻呂論を発表し、独自の説をたてた。人麻呂は正史に柿本朝臣佐留《さる》（猨）として登場する官人で従四位下までのぼっている。それが罪あって石見国に流され、国府に近い韓島《からしま》（島根県仁摩《にま》町）で妻とともに生活した。そして最期は高津の鴨島に単身で送られ、水中に投じられて刑死したと論じたのである。

はたして人麻呂は高級官人か下級官人のいずれだったか。病死したのか刑死したのか。謎は深い。機会があれば兵庫県明石《あかし》市の柿本神社（人丸《ひとまる》神社）や島根県益田市の人麿《ひとまろ》社などに詣《もう》でてみたらどうだろうか。

5　平城京

唐人《とうじん》にいじめられた吉備真備《きびのまきび》

七五二（天平勝宝四）年、吉備真備は大使藤原清河《ふじわらのきよかわ》の供をして唐に渡った。真備のすぐれた学才に恥をかくことを恐れた唐人は高楼《こうろう》に真備をとじこめ、食をあたえなかった。

風雨強まる深夜、一匹の鬼があらわれた。聞けばかつてこの楼で餓死した阿倍仲麻呂《あべのなかまろ》の亡霊だという。衣冠の姿にもどった亡霊は、真備の力になって働こうといった。

元気な真備におどろいた唐人たちは第一の難題をだした。難読で知られる『文選《もんぜん》』を読ませようというのだ。鬼に知らされた真備は飛行自在の術を使って高楼から王宮にはいり、学者たちの研究状況を見聞する。そして鬼に古暦《ふるこよみ》をもってこさせ、その裏に『文選』の一部を書きちらしておいた。一両日たってやってきた勅使《ちょくし》はこれをみておどろき、日本ですでに学んだものだとの真備の言葉に大きな衝撃をうけた。

唐人たちは第二の難題をだす。今度は囲碁の勝負を求めたのである。鬼に知らされた真備は夜もすがら想をねった。勝負は唐の名人が黒、真備が白ではじまった。すきをみた真備は黒石を一個飲みくだし、一目差で白が勝った。あやしんだ唐人たちは下剤をのませて調べたが、真備は術を使っ

高楼の上で皇帝の使者に会う吉備真備(『吉備大臣入唐絵巻』より模写)

てみずからの腹中に黒石を封じとめてがんばった。

　唐人たちは最後の難題をだした。字《じ》謎《なぞ》として知られる「野《や》馬《ば》台《たい》の詩《し》」を示し、全体を読みとおせという。瞑目《めいもく》した真備が心に神仏を念じると、一匹のクモがあらわれ、その引いてゆく糸にしたがって文字をたどるとみごと読了することができた。

　おどろき怒った唐人たちは食をあたえず、高楼に永久にとじこめようとした。これを知った真備は、鬼に雙六《すごろく》の筒をもってこさせ、唐土の日月を封じこんだ。唐人たちはたちまち大騒ぎ、ついに真備を解放し、帰朝させることにしたという。

この話は十二世紀初めの『江談抄《ごうだんしょう》』にのせられている。これに基づいて十五世紀なかばに『吉《き》備大臣入唐絵巻《びのおとどにっとうえまき》』が描かれ、若狭《わかさ》国に伝存した。ところが大正末期に旧若狭藩主酒井《さかい》家が競売にだして大阪の商人が落札し、さらに一九三三（昭和八）年にボストン美術館に買いとられてしまった。これをきっかけに「重要美術品等ノ保存ニ関スル法律」が定められることになった。それにしても残念なことである。

休暇願いにみる下級官人《かんじん》

「正倉院文書《しょうそういんもんじょ》」のなかに東大寺《とうだいじ》の管轄下にあった写経所《しゃきょうじょ》の事務帳簿群が大量にある。このなかに請暇解《せいかげ》という休暇願いが多数ある。写経所では、所属官庁から能筆《のうひつ》を買われて出向《しゅっこう》してきた多くの経師《きょうし》という下級官人が泊りこみで写経・校正・用紙管理などの仕事をしていた。

経師たちは一日二回の給食をうけ、十数時間の勤務で四〇〇〇字弱を写すのが通例であった。そして、二、三カ月働いて二、三日の在宅休暇をとった。現在の週休制とはまったく違う勤務形態であった。二四八件ある休暇願いを調べると、一番多いのが三四%を占める経師たち本人の病気である。ついで、仕事の切れ目を利用した骨休めが約二一%になる。そしておもしろいのが七七二（宝《ほう》亀《き》三）年三月二十一日付けで巧清成《たくみのきよなり》が三日間の休みをとった例にみられるような約五%におよぶ洗濯休暇である。

衣服の洗濯が休暇願いの理由になるというのは、現代では想像もつかないであろう。写経所での作業着は支給品であった。しかし、替えの作業着までの支給はなく、着たまま二、三カ月仕事を続けるのだから、よごれきっていたであろう。そのような仕事着を着続けているのだから健康に悪いのは当然である。経師に病気が多いのはこれも原因の一つといえよう。あまりの悪臭ぶりに閉口したもののなかには、休みをとって作業着を洗濯したもののもいたのだろうと思われる。

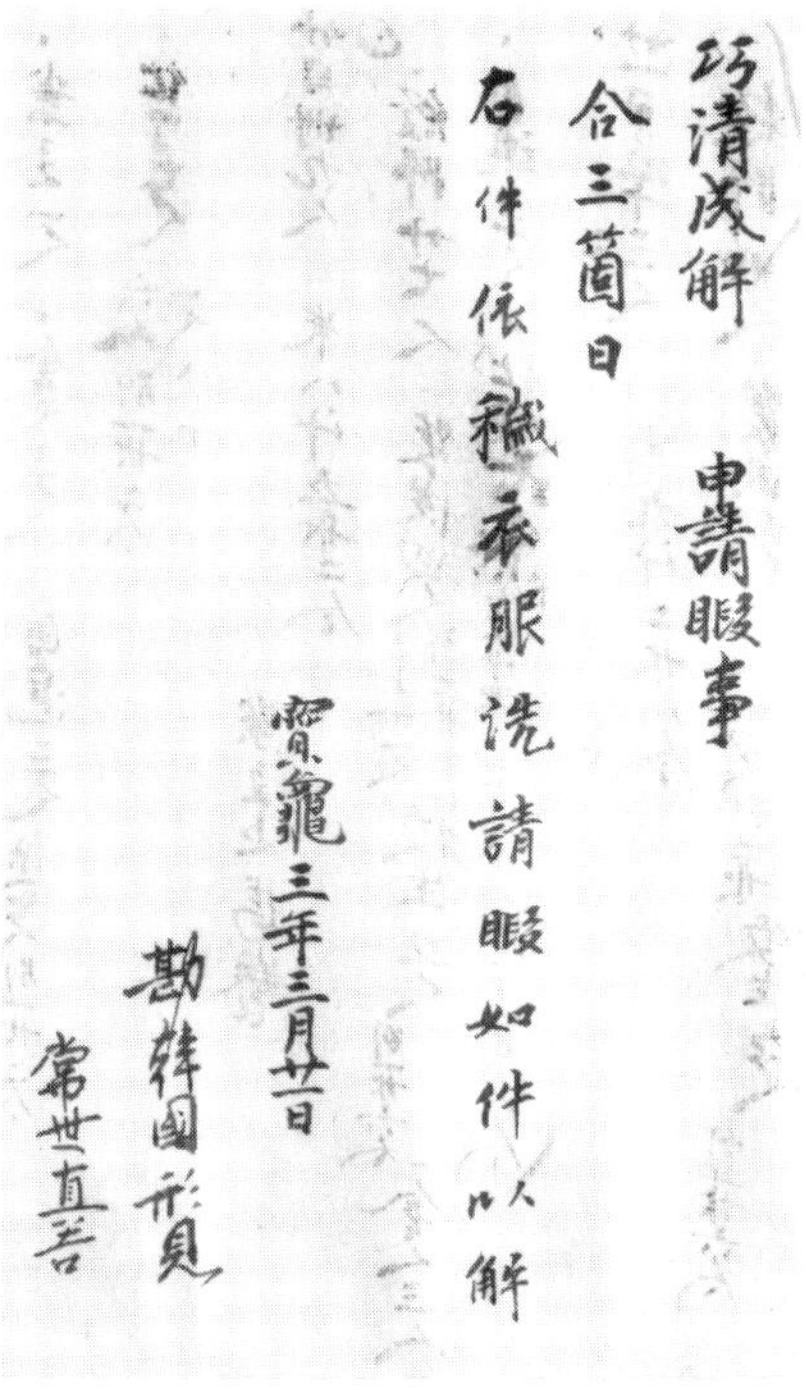

巧清成の請暇解(正倉院宝物)

また、彼らの食事は、白米飯に汁、海草や野菜のおかず一、二品、漬け物、塩などの調味料が主であり、栄養不足は明白であった。したがって、病気の多くは赤痢《せきり》、下痢《げり》、腹《ふく》痛《つう》などの消化器系のものが多かった。たとえば、経師の大《おお》宅立足《やけのたつたり》は、「いろいろ治療してみたのですが下痢がおさまりません。(中略)身体が弱り力がなく、筆をもつこともできなくなっております」と訴えている。

平城京《へいぜいきょう》にあった極楽浄土《ごくらくじょうど》

二〇〇〇（平成十二）年初め、かつての平城京にあった二つの庭園が復元・公開されていた。一つは左京三条二坊、長屋王《ながやおう》邸跡の南に隣接する地で一九七五（昭和五十）年に発掘された宮跡《きゅうせき》庭園である。園内を長さ約六〇メートルにわたって水流が竜のように蛇行し、流路ぞいに築山《つきやま》・景石《けいせき》が配され、優雅な曲水《きょくすい》の宴《えん》が行われたと思われる。

今一つは一九九八（平成十）年に復元された平城宮跡東南部の東院《とういん》庭園である。園内ほぼ中央に主殿と思われる建物があり、その北と南に池が広がる。池は南北六〇メートル、東西五〇メートルの範囲に広がり、汀《みぎわ》には玉石《たまいし》をならべて洲浜《すはま》がつくられている。園の南部には玉石をくんだ湾曲した溝があり、貴族たちは曲水の宴を行ったことであろう。

いかにも貴族好みのこの二つの庭園に対し、二〇〇〇（平成十二）年四月、思いがけないタイプの庭園の存在が公表された。阿弥陀堂《あみだどう》を中心に、池を配し、極楽浄土の景観をこの世につくりだそうとする浄土庭園である。場所は東院庭園の東に隣接する地で、法華寺《ほっけじ》の南にあたる。ここは光明皇太后《こうみょうこうたいごう》の一周忌を営んだという阿弥陀浄土院の推定地で、宅地開発計画がおこったために急いで発掘調査をしたのである。

復元された平城京左京三条二坊宮跡庭園(奈良市)

発掘は約三六〇平方メートル、東側で池の護岸の石組遺構を発掘し、西に広がる池のなかに中島と仏堂らしい建物の礎石を確認した。池は深さ約三〇センチ、最大径約六〇メートルで、池底は石をしきつめてある。建物の金銅《こんどう》製金具なども池中から出土した。

浄土庭園といえば、だれしもが宇治《うじ》の平等院《びょうどういん》や平《ひら》泉《いずみ》の毛越寺《もうつうじ》庭園などを思いおこすが、平安中期以降、急速に浄土思想が広まったことに応じるものであった。それが平等院の庭より二〇〇年以上もさかのぼる八世紀につくられていたのである。平城京の貴族たちも極楽浄土をのぞんでいたのであろうか。

仏に救いを求める神

八世紀末のことである。近江《おうみ》国野洲《やす》郡の御上山《みかみやま》の神社に陁我《たが》の大神がまつられていた。この社《やしろ》のそばに堂があり、大安寺《だいあんじ》の僧恵勝《えしょう》が修行にはげんでいた。ある夜、恵勝の夢にひとりの男があらわれ、自分のために読経《どきょう》してほしいという。不思議に思っていると、翌日、小さい白猿がやってきて「私のために法華経《ほけきょう》を読んでほしい」と願った。猿はその理由を説明する。猿は前世《ぜんせ》が東天竺《てんじく》国の大王だったが、あるとき、修行僧の従者の数を制限することにした。一〇〇〇人もいた従者たちは、いずれも農業をおこたりがちだったからで、仏道修行をさまたげたわけではなかった。しかしこのことが罪となり、王は死後に猿に生まれかわり、陁我の社の神になった。この猿の身をのがれたいから、あなたに読経をお願いするのだと。

恵勝は承知しようとしたが、そのための供養料はまったくないというので断わった。すると猿は「それなら近江国の浅井《あざい》郡で多くの僧たちが『六巻抄』を読もうとしているので、私もそれに加わりたい」という。恵勝は浅井郡にでかけ、山階《やましな》寺の檀家《だんか》の満預《まんよ》法師にこの旨を伝えたが、満預はまるで信じない。そこへ堂の雑役をする子どもや修行者たちがやってきて「小さい白猿が堂のうえに乗り、九間の大堂がくずれおちて粉々になり、仏像もこわれてしまいました」と報告した。満預は恵勝とはかり、七間の堂をたて、猿を仲間にいれてやって『六巻抄』を読み、陁我の大神の願いをかなえてやったが、最後までなんの障害もおこらなかった。

この話は九世紀初めにまとめられた仏教説話集『日本霊異記《にほんりょういき》』にのせられている。神が仏に救いを求めるという話で、神と仏は対立するのではなく、助けあうのだと説くのだが、仏教が優位にたっていることがよくわかる。神仏習合《しゅうごう》思想はのちには本地垂迹《ほんじすいじゃく》説（インドを本地とする仏や菩薩が衆生《しゅじょう》を救うため、日本の神となってあらわれるとする説）まで生むのだが、習合思想のおこってきた八世紀後半のありさまがわかっておもしろい。

捨身行《しゃしんぎょう》をした熊野《くまの》の修験者《しゅげんじゃ》

八世紀の末ごろ、紀伊《きい》国の熊野の村に永興禅師《えいこうぜんじ》という僧が住み、海辺の人びとを教化《きょうげ》し、永興菩薩とか南菩薩とかよばれて敬われていた。あるとき、ひとりの僧が法《ほ》華経《けきょう》一部、白銅の水瓶《すいびょう》一つ、縄でつくった椅子《いす》一つだけをもって永興のもとへきた。一年後、僧は「山で修行し、山ごえで伊勢へいきたい」といい残して去った。永興は食糧をもたせ、二人の修行者に途中まで送らせた。

熊野古道（和歌山県）

　二年ののち、熊野の村人は山中で法華経を読む声を聞いた。何カ月

●熊野《くまの》●

熊野の熊は隈、つまり奥まったところ、霊のいるところの意で、死者の黄泉国《よみのくに》や海のかなたの常世国《とこよのくに》につながる地だとの説がある。この神秘境で吉野《よしの》につながる修験道《しゅげんどう》の場となる一方、霊験《れいげん》のあらたかな熊野三山《さんざん》（本宮《ほんぐう》・新宮《しんぐう》・那智《なち》）の信仰が広まり、「蟻《あり》の熊野詣《もうで》」とよばれるにぎわいがみられることになる。

紀伊《きい》国以外にも熊野の地名はある。出雲《いずも》・安芸《あき》・丹後《たんご》・但馬《たじま》などだが、なかでも出雲は素戔《すさの》嗚尊《おのみこと》を熊野大神としてまつる熊野大社《たいしゃ》がある。『記紀《きき》』神話などをみても、この出雲の熊野が紀伊に移されたのではないかとも考えられている。

たっても消えない声を不思議に思った村人は探しにでかけたが、所在を確かめることはできなかった。それから半年、また山中で声を聞いた村人は永興に告げ、不審に思った永興がたずねてゆくと一つの屍《しかばね》を発見した。かつての僧だとわかったが、麻縄で二本の足をしばり、岩のうえから身を投げて死んでいた。それから三年、まだ声が聞こえるとの知らせをうけ、永興はふたたびいった。なんと髑髏《どくろ》は舌だけがくさらずに残っていたという。

紀伊半島南部の熊野の地は山を背負い、海にのぞむところで、古来、黄泉国・常世国（海のかなたの神仙境《しんせんきょう》）への入口と考えられた霊地である。この話は、奈良東大寺《とうだいじ》の実在の高僧永興が「海の熊野」で修行し、庶民教化につとめたことと、霊地を訪れた僧が「山の熊野」で命をかけた厳しい修験の行を行ったことを語っている。熊野の修験道はこういったなかで育ち、十一世紀ごろに成立したのであろう。

6　平安京

悪路王《あくろおう》伝説の成立

岩手県平泉《ひらいずみ》町の西部に達谷窟《たっこくのいわや》とよばれる岩窟《がんくつ》がある。『吾妻鏡《あずまかがみ》』には、平泉から鎌倉への凱旋《がいせん》途上にあった源頼朝《みなもとのよりとも》が田谷《たこく》窟に立ち寄ったが、ここは「田村麻呂利仁《たむらまろりじん》等の将軍」が征夷《せいい》のとき、賊王悪路王と赤頭《あかがしら》らが塞《とりで》を構えたところで、坂上《さかのうえ》将軍はこの窟前に精舎《しょうじゃ》をたて、鞍馬寺《くらまでら》に模《も》して多聞天《たもんてん》像を安置し、西光寺《さいこうじ》と号したと記している。

ところで悪路王とはだれのことなのか。諸書によると、田村麻呂は八〇二（延暦《えんりゃく》二十一）年四月に蝦夷《えみし》の首長大墓公阿弖流為《たものきみあてるい》と磐具公母礼《いわぐのきみもれ》を降伏させ、二人は八月に河内《かわち》国で処刑されている。頑強な敵阿弖流為、これが悪路王となったのであり、茨城県の鹿島神宮《かしまじんぐう》に伝わる「悪路王の首級《しゅきゅう》」とよばれる木彫は、いかにも容貌魁偉《ようぼうかいい》である。

征夷大将軍《せいいたいしょうぐん》坂上田村麻呂は悪路王（阿弖流為）を降伏させた。しかし『吾妻鏡』に「田村麻呂利仁等の将軍」とあるのはどういう意味か。利仁とは「芋粥《いもがゆ》」の話で有名な十世紀初めの武人藤原利仁のことで、東国でも群盗を鎮圧したと伝えられる。時代は違うが二人の勇武な将軍がともに行動したと伝えたのである。のちの伝承には「坂上利仁」としたものもある。

達谷窟毘沙門堂（岩手県平泉町）

では鞍馬寺の多聞天とはなにか。多聞天（毘沙門天《びしゃもんてん》）は四天王《してんのう》のひとりで北方鎮護《ちんご》の神であるが、とくに鞍馬寺の毘沙門天は王城鎮護の任をもっている。田村麻呂は蝦夷征討にあたって鞍馬寺の毘沙門天に祈り、また清水寺《きよみずでら》の観音《かんのん》の加護《かご》を念じ、毘沙門天像を奉納したという。達谷窟では、田村麻呂は一〇八体の毘沙門天像を奉納し（現存二七体）、征討の途次、各地に毘沙門堂をたてたという。今も宮城・岩手両県には、田村麻呂にかかわる由緒《ゆいしょ》をもつ毘沙門天像や観音像が多いが、岩手県東和《とうわ》町の成島《なるしま》毘沙門堂で五メートル近い兜《と》跋《ばつ》毘沙門天像を拝観すれば、この伝承が実感としてうけとめられることだろう。

　伝説はしだいに変容・拡大する。蝦夷の首長阿弖流為は悪路王となったのち、鎌倉末期には首長高丸《たかまる》として駿河《するが》国まで侵入し、室町時代には伊勢鈴鹿山《いせすずかやま》の鬼神大武丸《おおたけまる》（大嶽丸）として悪事を行う。田村麻呂はいず

● 四天王《してんのう》 ●

世界の中心にある須弥山《しゅみせん》の中腹の四王天の主で、四方を守る護法神。東＝持国天《じこくてん》、南＝増長天《ぞうちょうてん》、西＝広目天《こうもくてん》、北＝多聞天《たもんてん》で、多聞天は独尊の場合は毘沙門天《びしゃもんてん》とよぶ。

転じて、諸道・諸芸にすぐれた四人をさしてよぶ語となった。有名なものとしては頼光《らいこう》の四天王（碓井貞光《うすいさだみつ》、卜部秀武《うらべひでたけ》、渡辺綱《つな》、坂田金時《さかたのきんとき》）、徳川四天王（井伊直政《いいなおまさ》、本多忠勝《ほんだただかつ》、榊原康政《さかきばらやすまさ》、酒井忠次《さかいただつぐ》）などがあるが、とくに戦国武将の場合に多く用いられている。さらに拡大して人物以外に用いることもある。

れもこれらを討伐することになる。

体制に反抗した徳一大師《とくいつだいし》

国宝の薬師三尊《やくしさんぞん》像で知られる福島県会津《あいづ》の名刹《めいさつ》勝常寺《しょうじょうじ》の薬師堂の一隅に、かわった坐像《ざぞう》が安置されている。坊主頭で首は長く、全体として傷《いた》みが激《はげ》しくて衣も判然としない。粗衣《そい》・粗食《そしょく》に甘んじ、民衆のなかに生きた徳一の像で、いかにも辺主《へんしゅ》（地方の教主）徳一と称された人物にふさわしい。

徳一の生れははっきりしない。平安初期の人物で謀叛人《むほんにん》藤原仲麻呂《ふじわらのなかまろ》の子とされる。興福寺《こうふくじ》・東《とう》大寺《だいじ》に住して法相教学《ほっそうきょうがく》をきわめたが、二〇歳ごろ東国へ移った。くわしい事情はわからないが、中央の権力・権威の抗争から離れ、地方の庶民のなかに生きる道を求めたのであろう。常陸《ひたち》の筑波《つくば》山《さん》の中禅寺《ちゅうぜんじ》と会津の慧日《えにち》寺を中心に山岳信仰とも習合《しゅうごう》させて徳一の活動は広まり、徳一開基《かいき》と伝えられる寺は七〇以上を数えた。この間、徳一は東国への布教を求める空海《くうかい》に書を送って、真言《しんごん》教学への一一の疑問を呈し、また天台《てんだい》教学の最澄《さいちょう》とは人間の成仏《じょうぶつ》は修行によって別があるかという問題で、五年にわたる激論をかわした。いわゆる三一権実諍論《さんいちごんじつそうろん》である。

徳一像(会津若松市勝常寺)

徳一は七〇歳前後に慧日寺で没した。筑波の中禅寺で没し、慧日寺の僧がわずか一夜で筑波を往復してその首をもちかえり、墓をつくったとの伝説もある。慧日寺はのちに大きく宗勢を弱め、壮大な伽藍《がらん》はすべて失われ、現在その跡地には徳一廟《びょう》と石塔とが残されているだけである。しかし荒れはてた現状こそ反体制に生き、民衆に身を投じた徳一らしいともいえるだろう。

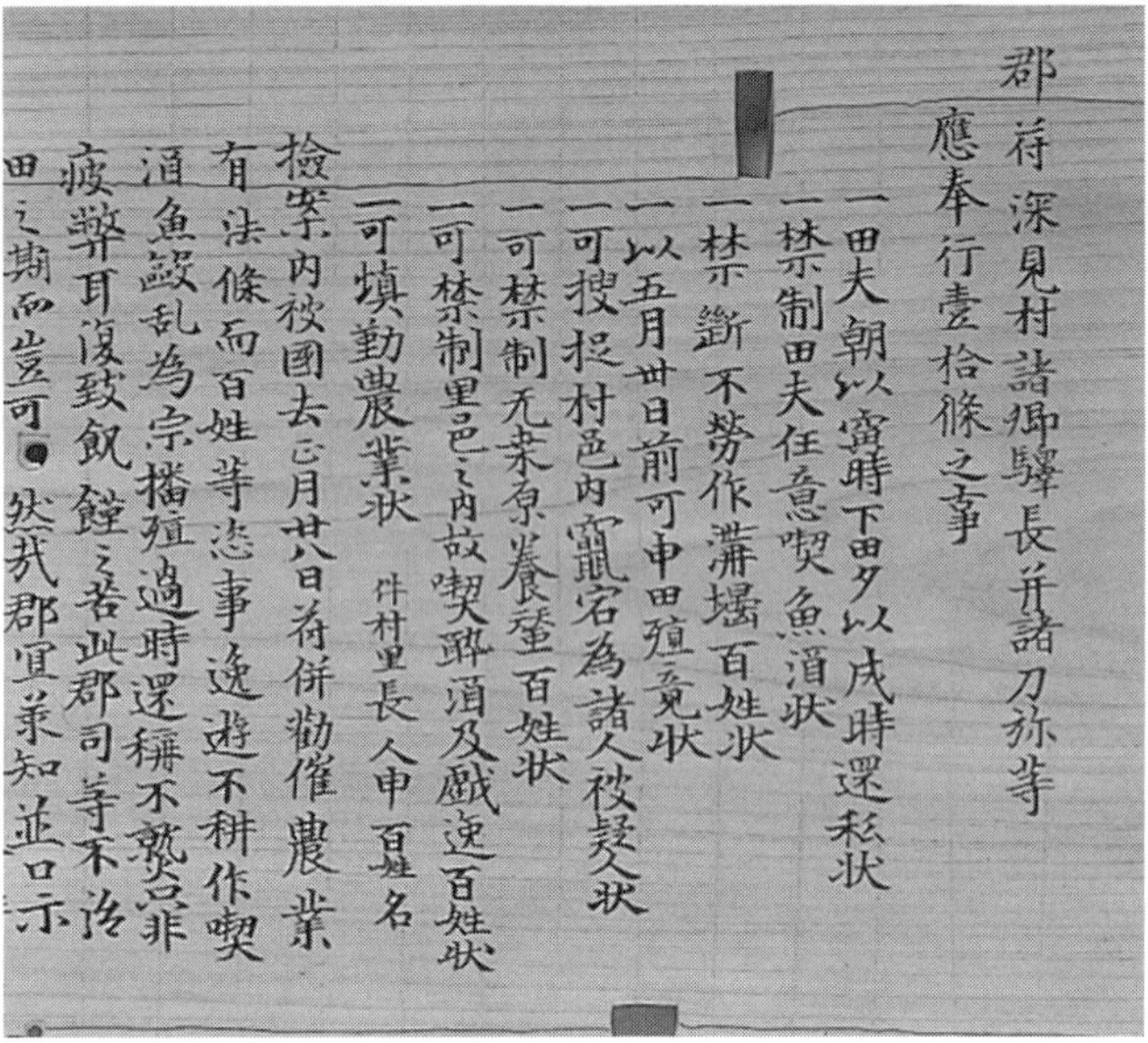

日の目をみた九世紀の牓示札《ぼうじふだ》

二〇〇〇（平成十二）年六月、金沢市の北、石川県津幡《つばた》町の加茂《かも》遺跡で檜《ひのき》の板が発見された。ほぼ横二尺（約六〇センチ）、縦一尺（約三〇センチ）の大きさである。調査員は乾燥を防ぐため、水を含んだスポンジとビニールでおおったが、強い日ざしを考慮して、埋蔵文化財センターへもち帰った。あらためて水洗いをすると、なんと漢字が浮かんでみえる。全部で二四四の文字を一字ずつ読んでゆくと、九世紀なかばの加賀《かが》郡郡司《ぐんじ》が深見《ふかみ》村の駅長《えきちょう》や刀禰《とね》（下級役人）にあてた牓示札であることがわかった。牓示札とは、法令などを路傍に告示する木札《きふだ》である。

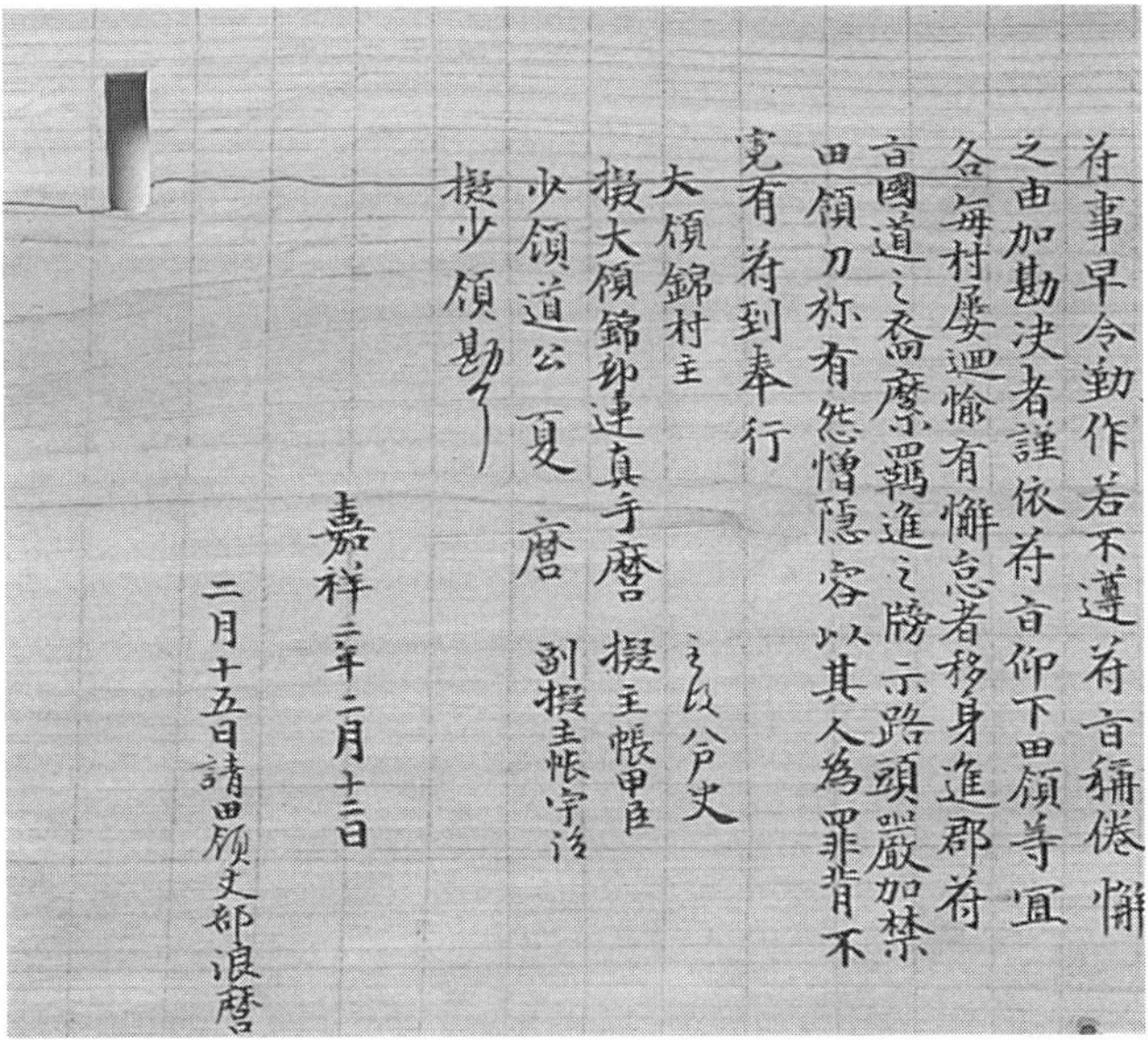
符事早令勤作若不遵符旨稱倦懈
之由加勘決者謹依符旨仰下田領等宜
各毎村屡廻愉有懈怠者移身進郡符
旨國道之裔縻羈進之牓示路頭厳加禁
田領刀祢有怨憎隠容以其人為罪背不
寛有符到奉行
大領錦村主　主政八戸史
擬大領錦部連真手麿　擬主帳甲臣
少領道公夏麿　副擬主帳宇治
擬少領勘了
嘉祥二年二月十二日
二月十五日請田領丈部浪麿

牓示札（石川県加茂遺跡出土。複製）

牓示札はまず農民取りしまりについて八カ条示し、この徹底と郡司への報告を命じ、ついで加賀国と加賀郡からの命令を記し、下級役人たちがただちにこの文書を国道に掲示し、趣旨を厳しく実行せよと命じていた。どうやら牓示札の出土地点は深見駅《うまや》があったところらしく、土器・木簡《もっかん》や和同銭《わどうせん》も多くみつかっていた。

平安時代の牓示札が発見されたのはこれが最初で、政府の農民統制策と文書主義の支配策とが如実に示されたものとしてきわめて価値の高い発見であった。つぎに八カ条の農民取りしまり策を示しておく。いつの時代でも農民は厳しい生活を強いられていたことがわかる。

一、朝は寅時《とらのとき》（午前四時ごろ）に農作業にでかけ、夜は戌時《いぬのとき》（午後八時ごろ）に帰らせること
一、ほしいままに魚や酒を飲食するのを禁じること
一、溝や堰《せき》を維持・管理しない農民を罰すること
一、五月三十日以前に田植えをおえた農民を申告すること
一、村内に逃げ隠れしている逃散《ちょうさん》農民をさがし、とらえること
一、桑畑をもたない農民が養蚕《ようさん》するのを禁じること
一、農民が里邑《さとむら》で酒に酔って遊び、あやまちをおかすのを禁じること
一、農業にいそしみはげむようにさせること

南海に消えた法親王《ほっしんのう》

律令《りつりょう》時代、さまざまの政争・事変などによって犠牲となった人は多かったが、皇族も例外ではなかった。平城《へいぜい》天皇の第三皇子、高岳親王《たかおかしんのう》もそのひとりである。

親王は八〇九（大同《だいどう》四）年四月、叔父の嵯峨《さが》天皇が即位したとき、その東宮《とうぐう》にたてられた。しかし、翌年に薬子《くすこ》の変《へん》がおこると、これに連座《れんざ》して皇太子の地位を失った。わずか一二歳のころである。八二二（弘仁《こうにん》十三）年、親王は四品《しほん》の位をあたえられたが、同時に出家して東大寺《とうだいじ》にはいり、法名《ほうみょう》を真忠、のち真如《しんにょ》と改めた。真如法親王の誕生である。真如は東大寺で道詮《どうせん》について三論教《さんろんきょう》

学《がく》を学び、ついで東寺《とうじ》で空海《くうかい》について密教を学んだ。この間八五五（斉衡《さいこう》二）年、大仏司検校《だいぶつしけんぎょう》となり、おちた東大寺大仏の頭部の修理にあたっている。六年ののち、大仏開眼法会《かいげんほうえ》が行われたとき、真如はすでに六三歳であった。

真如の心は急速に密教の秘儀《ひぎ》探求に傾き、入唐《にっとう》の願望が膨れあがった。八六二（貞観四）年七月、右大臣藤原良相《ふじわらのよしみ》の援助を得た真如は、難波津《なにわのつ》から船で大宰府《だざいふ》に至り、そこで唐人《とうじん》の船に乗り、宗叡《しゅうえい》ら六〇人の僧俗を率いて唐にむかった。南路をとった船は荒海を渡ったが、九月六日、風がやん

●法親王《ほっしんのう》●

大宝継嗣令《たいほうけいしりょう》では天皇の兄弟と皇子を親王と称し、官位令《かんいりょう》で親王独自の品位《ほんい》を定めた。女性の場合は内親王《ないしんのう》とよぶ。奈良時代にはこの定めにより、親王は自動的に定まったが、平安時代の嵯峨《さが》天皇以降は、皇子や二世王以下の皇親でも親王宣下《せんげ》をうければ親王となりうるようになった。

出家した親王は法親王・入道《にゅうどう》親王・法師《ほうし》親王などとよばれていたが、白河《しらかわ》天皇のころから親王の地位にあって出家した皇族は入道親王、出家後に親王宣下をうけた者は法親王とよぶことになった。高岳《たかおか》親王の時代にはその定めはなく、法名真如につけて真如法親王とよばれている。

で海上にただよう船に高い波浪がおそった。人びとは異口同音に神仏の加護を祈ったが、真如は神色自若《しんしょくじじゃく》として動かなかったという。翌七日、朝から風がでて、無事明州《めいしゅう》に到着した。一年ののち、真如の姿は長安《ちょうあん》にあった。彼は青竜寺《せいりゅうじ》の法全《ほうぜん》について密教の秘儀をうけ、遍明《へんみょう》と名乗った。

夢はさらに膨らむ。天竺《てんじく》にはいりたいと願う真如は八六五（貞観《じょうがん》七）年正月、広州《こうしゅう》へむけて旅だった。青竜寺の壁には「身は長海の西浪に没すといえども、魂はさだめて故郷の本朝に帰らん」との詩が残されており、死を覚悟しての旅であったことがわかる。真如は三人の従者とともに広州から海路天竺へむかった。

真如のその後はわからない。八八一（元慶《がんぎょう》五）年、在唐の僧中瓘《ちゅうかん》の報告によると、真如法親王は羅越《らえつ》国で客死《かくし》したという。羅越はマライ半島南部、現シンガポール辺りと考えられるから、真如は旅だって一年もたたぬうちに世を去ったのであろう。享年六七歳、一説によると虎の餌食《えじき》になったともいう。『愚管抄《ぐかんしょう》』は短く記す。「流沙ニテウセ給トイヘリ」。

空海《くうかい》の使った浦島《うらしま》の玉手箱

虎関師錬《こかんしれん》の『元亨釈書《げんこうしゃくしょ》』に奇妙な話がのせられている。ときは八二四（天長《てんちょう》元）年、淳和《じゅんな》天皇は空海と守敏《しゅびん》という二人の僧に雨乞いの祈禱《きとう》をさせた。結局は空海がみごと雨をふらせるのだが、このとき、空海は如意尼《にょいに》という天皇の第二夫人から借りた篋《はこ》で密教の秘法を行い、雨をふらせることに成功したのである。

問題はこの篋である。これは丹波《たんば》国与謝《よさ》郡にいたという伝説上の人物、浦島太郎が蓬萊島《ほうらいとう》からも ち帰ったもので、浦島はこれを「紫雲篋」と名づけていたという。一方、如意尼は一〇歳まで与謝にいたから、浦島とも知りあい、篋をもらったのであろう。浦島は知らなかったが、おそらく「神仙之篋」で、密教秘法の篋だったろうと師錬は推測している。

如意尼は容姿端麗《ようしたんれい》、しかも信仰あつい女性で、とくに如意輪《にょいりん》観音をあつく敬った。八二二（弘仁《こうにん》十三）年京都六角堂《ろっかくどう》（頂法寺《ちょうほうじ》）にいたとき、皇太子だった淳仁《じゅんにん》天皇が霊夢によって使いを送り二〇歳で天皇の妃《きさき》となった。如意尼は信仰をとおして空海と知りあい、篋を貸すことになったのであろう。あるいは二人のあいだにそこはかとない愛情が生まれたのかもしれない。

八二八（天長五）年、如意尼は夢告《むこく》にしたがって侍女二人をつれて宮廷をで、摂津《せっつ》国の摩尼峰《まにほう》で仏のお告げを聞き、ここに寺を建立しようと決意した。如意尼は空海を招いて如意輪法を修《ず》し、秘密灌頂《かんじょう》をうけた。三年後、神呪寺《かんのうじ》は完成し、如意尼はみずから髪をおろす。神呪寺には今も本尊如意輪観音像が秘仏《ひぶつ》として安置されている。それは空海が甲山《かぶとやま》山頂にあった桜の木にきざんだ如意尼等身大の像で、体内には浦島の玉手箱が封じこめられたままという。如意尼は三三歳で世を去った。私たちも観音像を毎年五月十八日の開帳《かいちょう》の際、一度は拝してみたいものである。

ある前郡司《ぐんじ》の思惑《おもわく》

武蔵《むさし》国男衾《おぶすま》郡榎津《えなつ》郷《ごう》に住む壬生吉志福正《みぶのきしふくせい》という人物は、郡司に「自分も年老いていつ死ぬかわからないので、今のうちに二人の息子の一生分の調《ちょう》と庸《よう》を前納したい」と申請した。この申請は国《こく》府《ふ》を経て民部省《みんぶしょう》に伝えられた。その結果、八四一（承和八）年五月付けで太政官符《だいじょうかんぷ》がだされた。二人の調庸の総額は、「壬生吉志継成《つぐなり》、年十九、調庸料布四十端《たん》二丈《じょう》一尺《しゃく》（約二六〇メートル）、中男作物《ちゅうなんさくもつ》紙八十張《ちょう》（一帖《じょう》四八枚とすると三八四〇枚）　壬生吉志真成《まなり》、年十三、調庸料布四十端二丈一尺、中男作物紙百六十張（七六八〇枚）」というものであった。

　これほどの貢納額を一括してだせる壬生吉志福正とは、どのような人物なのだろうか。吉志というのは渡来人《とらいじん》系に特有な姓であるから、祖先が朝鮮半島からやってきて東国《とうごく》に移されたこと、外《げ》従八位上という位階をもっているので、かつて蝦夷《えみし》の征討に参加して勲功《くんこう》をたてたことが推定できる。

　さらに、壬生福正は八四五（承和《じょうわ》十二）年に、一〇年前に焼失して以来再建されていない武蔵の国分寺《こくぶんじ》の七重塔を独力でつくりたいと政府に申請し、許可されている。その際の記事に「前男衾郡大領」と記されていた。彼はかつて男衾郡の郡司の長官であったことがここからわかる。有力農民というよりは、彼は武蔵国内の有力な地方豪族のひとりだったことになる。

　九世紀になると調庸の未納がしだいに増加していった。政府は、中央政府の財源となる調庸の確保のために地方の郡司や豪族らの代納を奨励し、その功に応じて外従五位下という地方では誉《ほま》れとなる位階をあたえた。壬生福正の前述の二つの行為は、子を思う慈愛心とあつい仏教尊崇の思いを示す記録というよりも、まさにのちの成功《じょうごう》（財物をおさめて官職を得ること）であったといえよう。ただし、彼が首尾よくのぞみの位階を得たかどうかは記録に残されていない。

いろは歌の成立

子どものころ、「いろはガルタ」で遊んだ思い出はだれにでもあるだろう。それほど親しまれている「いろは歌」が平安時代の初め、弘法大師《こうぼうだいし》空海《くうかい》によってつくられたということもよく聞かされているが、実際のところはどうなのだろうか。

とにかく「いろは歌」はよくできている。全四七字を濁音《だくおん》をいれて読むと「色は匂《にお》へど　散りぬるを　我が世《よ》誰《たれ》ぞ　常ならむ　有為《うい》の奥山　今日越えて　浅き夢見じ　酔《ゑ》ひもせず」となり同一文字の重複もなく、七五調の四句で構成されている。これは玉虫厨子《たまむしのずし》の絵にある雪山童子《せっせんどうじ》（前世の釈尊《しゃくそん》）が雪山（ヒマラヤ）で羅刹《らせつ》から聞いたとされる涅槃経《ねはんぎょう》の四句の偈《げ》、「諸行無常《しょぎょうむじょう》　是生滅法《ぜしょうめっぽう》　生滅滅已《しょうめつめつい》　寂滅為楽《じゃくめついらく》」（すべての現象は無常で、生じては滅する。生滅するものがなくなったところに涅槃の世界がある）の意をとってつくられたという。

しかし、現在では空海作との説は否定されている。平安前期につくられたらしい四八字の「あめつちの詞《ことば》」には、えの字が二度使われ、当時あ行のえとや行のえとが区別されているのに、「いろは歌」では区別されず、四七字構成である点をみても、平安初期の空海の作ではありえないのだ。「いろは歌」が文献上に初めてみえるのは、一〇七九（承暦《じょうりゃく》三）年の『金光明最勝王経音義《こんこうみょうさいしょうおうきょうおんぎ》』であり、どうやら「いろは歌」は十世紀末から十一世紀にかけてのころ、僧侶《そうりょ》のあいだでつくられたものと思われる。

おもしろいのは『音義』は全体を七字区切りで記すのだが、七番目の文字を拾ってゆくと「とがなくて死す」となる。「だから作者は……」といった考えもあるけれども、それは偶然だろうといわれている。なお、歌の末尾に京を加えるようになったのは鎌倉後期からで、んをつけ加えたのはさらに時代がくだるようである。また「五十音図」は平安中期に僧侶のあいだでつくられたようである。

7　摂関政治

惟喬親王《これたかしんのう》と「君が代」

惟喬親王は文徳《もんとく》天皇の第一皇子で、紀名虎《きのなとら》の娘を母とした。しかし、八五〇（嘉祥《かしょう》三）年、藤原良房《ふじわらのよしふさ》の娘明子《あきらけいこ》を母とする第四皇子惟仁《これひと》親王が生まれると、天皇は良房をはばかってわずか八カ月の惟仁を皇太子とした（のちの清和《せいわ》天皇）。この立太子に際し、紀・藤原両氏が競《くら》べ馬・相撲《すもう》・加持祈禱《かじきとう》の勝負をしたという話も生まれたが、惟喬親王にとっては不遇の一生の始まりだったことに違いはない。親王は八七二（貞観《じょうがん》十四）年、病のために出家して、洛北小野《らくほくおの》の地に隠棲《いんせい》し、在原業平《ありわらのなりひら》らと風流を楽しんだ。それから二五年後、親王は五四歳の生涯をとじる。今もその地に惟喬親王の墓という五輪石塔《ごりんせきとう》があり、近くの小野御霊社《おのごりょうしゃ》にもまつられている。

ところが、おもしろいことに滋賀県神崎《かんざき》郡の永源寺《えいげんじ》町君ケ畑《きみがはた》にも親王の墓がある。その廟所《びょうしょ》のすぐうしろには太皇器地祖《おおきみきじそ》神社があり、親王がまつられている。伝えによると、親王は八五九（天安《てんあん》三）年から、みずからの所領であったここ小椋荘《おぐらのしょう》に隠棲し、杣人《そまびと》たちに椀《わん》・盆《ぼん》・杯《さかずき》・杓子《しゃくし》などの木地《きじ》工作のろくろを教えたという。そのために親王は、木地師の祖神としてまつられたのである。この伝承は中世に至って生じたらしく、どうやら木地師集団がみずからの出自を権威づけるた

さざれ石（文部科学省内）

めにつくりだしたのではないかと思われる。

伝説はさらに広がる。木地師は良材を求めて全国へと散らばるが、あるとき、そのひとりが美濃《みの》国へやってきた。みれば珍しいさざれ石の巨岩がある。さざれ石とは細かい石が石灰《せっかい》質によって凝結《ぎょうけつ》して大きな岩になったもので、男はこれをみて歌をよんだ。「わが君は　千代に八千代に　さざれ石の巌《いわお》となりて　苔のむすまで」。この歌がやがて「よみ人知らず」として『古今和歌集《こきんわかしゅう》』に取りあげられたのだという。もちろん、この話を確証するすべはないが、さざれ石そのものは、県指定天然記念物「石灰質角礫《かくれき》巨岩」として岐阜県揖斐《いび》郡春日《かすが》村に存在する。惟喬親王隠棲地君ケ畑の地名とだぶらせると、さざれ石の存在にわが君惟喬親王を思いあわせて歌をよむ男の姿が浮かんでくるようである。現在、文部科学省の構内にこのさざれ石の一部がある。

応天門《おうてんもん》炎上をめぐるミステリー

応天門は大内裏《だいだいり》の中心部である朝堂院《ちょうどういん》の正門で南面している。この門が八六六（貞観《じょうがん》八）年閏《うるう》三月十日の夜、東西にならぶ栖鳳《せいほう》・翔鸞《しょうらん》の二楼とともに炎上した。容疑者はすぐ浮上した。大納《だいな》言伴善男《ごんとものよしお》が、左大臣源信《みなもとのまこと》を名ざして、犯人だと決めつけたのである。伴善男は当時五六歳、大伴一族で祖父は藤原種継《ふじわらのたねつぐ》暗殺事件で獄死《ごくし》した継人《つぐひと》、父の国道《くにみち》もこれに連座《れんざ》して佐渡《さど》へ流された。善男自身は有能だが、性格が悪がしこく、人を平気で傷つけたといわれるから、政敵の信をけおとそうとしたのだろう。しかし、太政大臣藤原良房《よしふさ》は信の無実を信じ、その進言《しんげん》で幼い清和《せいわ》天皇は信の逮捕にはふみきらなかった。

八月になって、意外なことから真相が判明した。善男の使用人にわが子をけられた舎人《とねり》が「放火犯は伴《ばん》大納言父子だ」とぶちまけたのだ。これをうけて備中権史生《びっちゅうごんのししょう》という下級役人の大宅鷹取《おおやけのたかとり》が善男父子を告発した。源信にかわろうと画策した善男が、子の中庸《なかつね》と共謀し、放火をしたのだという。善男はもちろん否定する。しかし結局、事件は善男父子と従者らがおこしたとして、善男は伊豆《いず》、中庸は隠岐《おき》、そして共謀者紀豊城《きのとよき》は安房《あわ》へ遠流《おんる》となった。さらに善男のもつ広大な田宅と豊かな資財も没収され、失意の善男は配所《はいしょ》の伊豆で二年後に没した。

しかし、本当に犯人は善男だったのか。応天門を焼く必然性もないし、大宅鷹取の上司が源信の一族だったという説もある。真相は闇《やみ》のなかだが、事件後に摂政となった太政大臣藤原良房の演出ではなかったかと考えられる。事件を政治的に利用して、伴氏・紀氏ら有能な官人たちを排除し、摂関政治への道を開いたのではあるまいか。応天門炎上は案外、失火《しっか》によるものではないかという

● 羅城門《らじょうもん》・朱雀《すざく》門・応天《おうてん》門 ●

平安京全体の正門として京の南端中央にある門が羅城門。これより朱雀大路《おおじ》をまっすぐ北へむかい、つきあたりが宮城《きゅうじょう》大内裏《だいだいり》の正門である朱雀門である。大内裏へはいると、中心の殿堂として朝堂院《ちょうどういん》があり、その正門が応天門である。応天門をはいると、左右に朝集堂《ちょうしゅうどう》・朝堂《ちょうどう》がならび、その奥に正殿である大極殿《だいごくでん》がある。

大内裏には一二門がある。東に陽明《ようめい》・待賢《たいけん》・郁芳《いくほう》の三門、西・南・北にもおのおの門が配せられる。大内裏のなかには朝堂院の北に天皇の在所である内裏があり、ここにも一二門がある。

説も強い。もしそれが真相なら、伴善男はきっと怨霊《おんりょう》になったことだろう。

良《りょう》二千石《せき》の藤原保則《ふじわらのやすのり》

平安時代の国司《こくし》といえば、尾張《おわり》国の藤原元命《もとなが》や信濃《しなの》国の藤原陳忠《のぶただ》のような悪徳地方官を連想しがちだが、なかにはおどろくほど実績と名声をあげた良吏《りょうり》もいる。善政をしいた地方官を中国漢代の地方長官の年俸が二〇〇〇石《ごく》だったことをふまえて、良二千石《せき》とよぶが、九世紀後半、備中《びっちゅう》・備前《びぜん》で名をあげた藤原保則はまさに典型的な良二千石であった。

八六六（貞観《じょうがん》八）年、藤原南家の流れをくむ保則は従五位下で備中権介《ごんのすけ》となった。おりしも飢《き》饉《きん》のさなかで、盗賊が横行し、村々は死にたえたようだった。保則は前任国司の苛政《かせい》をすべて改め、小過《しょうか》は許し、貧者を救い、農桑《のうそう》をすすめ、倹約をよびかけた。その仁政《じんせい》にすっかり心服《しんぷく》した農民たちは、ぞくぞくと村へ戻り、納税も順調に進んだ。その功を認められて保則は従五位上に進んで国守《こくしゅ》に任じられ、やがて備前守に転じた。

この噂を聞きつけた備後《びんご》国の盗賊がいた。彼は進んで保則のもとへ自首し、保則は彼に、盗んだ品物を自分の手で備後国府《こくふ》へ返却するようにいい、実行させた。

こういったなかで、八七五（貞観十七）年、任をおえた保則は京《みやこ》に戻ったが、備前・備中の民は名残りを惜しんでぞくぞくと集まり、泣きくずれた。ために保則はひそかに小舟で帰ることにしたが、備前の郡司《ぐんじ》らは白米二〇〇石を餞別《せんべつ》として贈った。喜んでうけた保則は、航海安全の経を読んでくれた僧たちにすべて分けあたえたという。

八七八（元慶二）年、出羽《でわ》国の俘囚《ふしゅう》（服属蝦夷《えみし》）たちが反乱すると、保則はその行政手腕をかわれ、秋田城へ出羽権守《ごんのかみ》として赴任した。保則は鎮守府《ちんじゅふ》将軍小野春風《おののはるかぜ》と協力し、俘囚たちの心をとらえることにつとめ、八世紀以来続いていた反乱を終息させることに成功する。功を認められた保則は従四位上にのぼり、八九二（寛平《かんぴょう》四）年には宇多《うだ》天皇に抜擢《ばってき》されて参議《さんぎ》となり、菅原道真《すがわらのみちざね》とともに働くことになった。

三階級特進した宇多《うだ》天皇

源基経《みなもとのもとつね》に擁立《ようりつ》され五五歳で即位した光孝《こうこう》天皇は、基経に遠慮して二十余人もの皇子を臣籍《しんせき》に降下《こうか》させ、皇位継承に意図するところのないことを示した。源定省《さだみ》はそのような皇子のひとりで、殿上人《てんじょうびと》となって父帝につかえ、「王侍従」とよばれていた。

ある日のこと清涼殿《せいりょうでん》の殿上の間《ま》で在原業平《ありわらのなりひら》と相撲《すもう》をとり、投げられたはずみに椅子《いす》の肱《ひじ》かけをおってしまったことがあったという。業平のほうが四二歳も年長であり事実ではなさそうであるが、活発な性格であったのだろう。賀茂《かも》神社の杜《もり》で、鷹狩《たかがり》にも熱中している。

光孝天皇の病が重くなると、天皇は名前をあげたわけではないが、基経はその意をくんでこの源定省を推戴《すいたい》した。しかしすでに臣籍にくだっていたので、八八七（仁和《にんな》三）年八月二十五日、まず親王に復帰させ、翌日には立太子《りったいし》の詔《みことのり》を発した。そして臨終《りんじゅう》の床で光孝天皇は、基経と定省の手を左右に握り、基経の恩を銘記《めいき》するように諭《さと》したという。

そしてその日のうちに光孝天皇が崩御《ほうぎょ》したため、新皇太子はただちに即位して宇多天皇となったのである。こうして殿上人のひとりにすぎなかった源定省は、わずか二日間で臣下から親王へ、親王から皇太子へ、そして皇太子から天皇へとなったのである。

ある日のこと、宇多天皇が陽成《ようぜい》上皇の御所《ごしょ》の前をとおったとき、上皇は「今の天皇はわしの家人《けにん》ではないか」といってなげいた。たしかに陽成天皇の御代には、源定省は神社への行幸《ぎょうこう》のおりに神前の舞人《まいびと》をつとめたりしたことがあった。基経によって譲位に追いこまれながらも八二歳まで長寿を保った陽成上皇にしてみれば、宇多天皇の即位は納得できないものであったろう。

怨霊《おんりょう》となった藤原元方《もとかた》

早良親王《さわらしんのう》・菅原道真《すがわらのみちざね》ら、みにくい政争の犠牲となり、怨霊となった人は少なくないが、十世紀のなかばごろ、参議《さんぎ》から大納言《だいなごん》にまで出世した藤原元方もそのひとりである。

九三九（天慶《てんぎょう》二）年、五二歳で参議となった元方の胸には一つの野望があった。皇太子成明《なりあき》親王の内にいれた娘の祐姫《すけひめ》が皇子を生み、やがて親王が天皇となったとき、元方が外戚《がいせき》として権力の座につくことである。願いは実現するかにみえた。九四六（天慶九）年、皇太子は即位して村上《むらかみ》天皇となり、更衣《こうい》としてかたわらにあった祐姫が九五〇（天暦《てんりゃく》四）年、待望の第一皇子広平《ひろひら》親王を生んだ。しかし、その直後、天皇の女御《にょうご》であった安子《あんし》が第二皇子の憲平《のりひら》親王を生んだ。安子の父は藤原北家《ほっけ》の右大臣師輔《もろすけ》、元方よりはるかに力の強い存在である。

第二皇子誕生の報を聞いた元方の衝撃は大きかった。『栄花《えいが》物語』は元方の落胆ぶりについて「胸ふたがる心地して、物をだにも食はずなりにけり」と記している。あげくのはてに元方は、憲平親王を呪詛《じゅそ》するようなあさましいことをするかもしれないから、早く死にたいと思うほどであった。予測は的中し、憲平親王は生誕三カ月後、早くも立太子《りったいし》の儀を行い、元方の夢ははかなく消えた。

翌年、元方は正三位・大納言に昇進したが、なんのなぐさめにもならない。九五三（天暦七）年、失意の元方は六六歳で世を去った。

貴族のあいだにはひそかに元方怨霊説がささやかれはじめた。皇太子憲平親王は足に傷があるにもかかわらず終日鞠《まり》を蹴《け》るなど異常な行動が多く、親王一一歳のときに祖父師輔が五三歳の一生を終えた。九六七（康保《こうほう》四）年、憲平親王は一八歳で即位して冷泉《れいぜい》天皇となるが、その後も狂気の行動が続き、権力は叔父の関白実頼《さねより》ににぎられた。そして二年後の安和《あんな》の変《へん》を機に円融《えんゆう》天皇に譲位することになる。だが元方の怨霊はまだ満足しない。九八六（寛和《かんな》二）年、冷泉天皇の子、花山《かざん》天皇が在位わずか二年で退位に追いこまれたのも元方の怨霊のせいだといわれたのである。

地獄におちた天皇

九三〇（延長《えんちょう》八）年六月、清涼殿《せいりょうでん》に落雷があり、大納言藤原清貫《ふじわらのきよつら》ら数名が死んだ。宮廷貴族たちは大きな衝撃をうける。それというのも清貫は右大臣菅原道真《すがわらのみちざね》の大宰府《だざいふ》左遷《させん》に手を貸した人物であったからである。

九〇三（延喜《えんぎ》三）年、道真は大宰権帥《ごんのそち》として、事実上の幽閉生活のうちに五九歳の一生をおえた。貴族たちのあいだに道真の怨霊《おんりょう》へのおびえが広がるなかで、六年後に左大臣藤原時平《ときひら》は三九歳の若さで世を去った。醍醐《だいご》天皇の皇太子も二一歳で病死し、恐れた天皇は道真を本官に復し、正二位

清涼殿の落雷（『北野天神縁起絵巻』）

を追贈《ついぞう》した。こういったなかで清涼殿への落雷があり、ショックで寝ついた天皇は皇位を皇太子にゆずり、まもなく四六歳で死亡した。京都に北野天満宮《きたのてんまんぐう》がつくられたのは、このあとであった。

九四一（天慶四）年八月一日、金峰山《きんぷせん》の笙窟《しょうのいわや》で行者《ぎょうじゃ》の日蔵《にちぞう》がとつぜん息が絶えた。しかもおどろいたことに十三日になって蘇生《そせい》し、奇妙な体験を語ったのだ。彼はまず蔵王権現《ざおうごんげん》に導かれて金峰山浄土《じょうど》へいき、菅原道真の怨霊である大政威徳天《たいせいいとくてん》にあう。ついで鬼神の案内で六道《ろくどう》を巡り、等活《とうかつ》地獄から阿鼻《あび》地獄へと八大地獄をまわるのだが、そのうちの鉄窟苦所《てっくつくしょ》というところで四人の罪人にでくわした。衣を着て赤灰のうえにすわるのは醍醐上皇、裸《はだか》ですわりこむ三人はいずれも道真追放にくみした藤原時平、藤原定国《さだくに》、源　光《みなもとのひかる》である。上皇はいった。「私は在位のあいだに仏・父・臣などに対する五つの罪をおかした。とりわけとがの重いのは、菅丞相《かんじょうしょう》左遷のことで、ために長年苦報をうけている。どうか、朱雀《すざく》帝にこの旨を申しあげ、私た

● 奈落《ならく》 ●

奈落はサンスクリットの Naraka の音写で、地獄または地獄へおちることを意味する語だが、これより転じて物事のどん底を意味する語となった。

ふつうに使われる奈落の語は、舞台用語としてのそれで、舞台の下や花道の下につくられた地下室をいう。今は明るいが、昔はそれこそまっ暗で、まさしく「奈落の底」のようだった。各地に残る芝居小屋の奈落へ一度いってみればなるほどと納得できることだろう。

ちの苦しみを救ってほしい」と。四人はともに涙にむせぶのだった。日蔵は涙とともに別れを告げ、地獄をでて蘇生する。そして帝に醍醐上皇らのなげきを奏上したのだった。道真の怨霊談と地獄からの蘇生談が多く語られていたことが読みとれよう。

花山《かざん》天皇出家《しゅっけ》事件

摂政《せっしょう》・関白《かんぱく》が常置され藤原《ふじわら》氏の勢力が不動のものとなった安和《あんな》の変《へん》（九六九年）後に即位した円《えん》融《ゆう》天皇にかわって九八四（永観《えいかん》二）年、冷泉《れいぜい》天皇（円融天皇の兄）の皇子で皇太子の師貞親王《もろさだしんのう》が即位して花山天皇となった。そして皇太子になったのは、右大臣藤原兼家《かねいえ》の娘詮子《せんし》が円融天皇とのあいだに生んだ五歳の懐仁《やすひと》親王であった。兄兼通《かねみち》の仕打ち（『続日本史こぼれ話』所収）によって隠忍《いんにん》を余儀なくされていた五六歳の兼家にとっては、摂政の地位が目前に迫ったといえよう。ただし、安和の変を仕組んだ主謀者といわれた叔父の左大臣藤原師尹《もろただ》のように病死によってみすみす摂政・関白の地位を取り逃がした例を知っているだけに、老境《ろうきょう》にはいった兼家としてはあせりも高まっていただろう。しかし、思いのほかに早くチャンスは訪れた。

即位の翌九八五（寛和《かんな》元）年七月に、花山天皇の寵愛《ちょうあい》が深く、弘徽殿《こきでん》の女御《にょうご》といわれた兼家の弟大納言為光《ためみつ》の娘忯子《しし》が一七歳の若さでなくなった。懐妊《かいにん》の七カ月のちであったという。天皇の悲嘆ははなはだしく、出家の意志さえみせるようになった。この好機をたくみに利用したのが兼家とその子たちであった。

蔵人《くろうど》として天皇の側近にいた兼家の三男道兼《みちかね》は、兼家の意をうけて「故女御の菩提《ぼだい》をとむらうためには出家すべきだ。その際は自分も出家して修行のお供をする」（『大鏡』）と言葉たくみに誘導した。そして九八六（寛和二）年六月二十三日の深夜、ひそかに道兼は天皇を清涼殿《せいりょうでん》からつれだし、山科《やましな》の元慶寺《がんぎょうじ》（のち花山寺ともいった）にむかった。途中の鴨《かも》川堤に差しかかるころから摂関家《せっかんけ》の侍《さむらい》源満仲《みなもとのみつなか》が郎等《ろうどう》を率いて、天皇の輿《こし》の前後を警備した。実態は護衛というよりも護送であった。元慶寺に到着すると、ただちに天皇は剃髪《ていはつ》出家したが、道兼は口実を設けて引きあげてしまった。

一方、待機していた兼家の長男道隆《みちたか》と次男道綱《みちつな》は、清涼殿にあった神器《じんぎ》を懐仁親王のもとに移し

清明神社（京都市）

た。動向を確認した兼家は、末子の道長《みちなが》を関白頼忠《よりただ》のもとに派遣し、天皇が行方不明になったことを報告させ、内裏《だいり》は大混乱におちいった。夜が明けると花山天皇の出家譲位《じょうい》が発表され、七歳の皇太子懐仁親王が即位して一条《いちじょう》天皇となった。その結果、関白頼忠は引退し、外祖父兼家が念願の摂政の地位を手にいれた。この前代未聞の出家事件は、兼家一門の全盛時代の幕開けを象徴する出来事であった。

晴明《せいめい》、道満《どうまん》の呪詛《じゅそ》を破る

藤原氏が摂関《せっかん》としてわが世の春を謳歌《おうか》した十世紀後半から十一世紀前半は、裏を返せば怨霊《おんりょう》と百鬼夜行《ひゃっきやぎょう》の横行《おうこう》に心の安まる間もない不安の時代でもあった。

この時代に活躍の場を得たのは賀茂《かも》・安倍《あべ》両氏を筆頭とする陰陽師《おんみょうじ》たちだった。なかでも安倍晴明は自他ともに許す第一人者であった。公家《くげ》たちの求めに応じて池のほとりのガマに草の葉を投げただけで殺したとか、式神《しきがみ》（使役《しえき》する鬼神《きじん》）をあやつり、身のまわりのこともさせたとかの話もある。晴明をさらに引きたてるため、架空の人物も登場した。播磨《はりま》出身の法体《ほったい》の陰陽師芦屋《あしや》道満（道摩）で晴明とさまざまな術比べをする。

藤原道長《みちなが》は法成寺《ほうじょうじ》をたてたとき、毎日のように寺へでかけた。ところがある日、愛犬の白犬が道長の前を走って吠えたり、直衣《のうし》の裾《すそ》をくわえたりしておちつかない。急いで晴明を召しだして占わせると、しばし瞑目沈思《めいもくちんし》した晴明は、道長の呪詛者がいると断じ、犬の吠えるところを掘らせた。二つの土器をあわせて黄色のこよりで十字にしばったものがでる。こよりをとくと、なかは空で、

●陰陽道《おんみょうどう》●

古代中国ではいっさいの万物は陰陽《いんよう》の二気によって生じ、その組成元素は木《もく》・火《か》・土《ど》・金《ごん》・水《すい》の五つで、これらの消長によって自然界の変化や人事の吉凶がおこると考えた。これを陰陽五行《ごぎょう》説という。

陰陽道はこの説に基づいて天文・暦数・卜筮《ぼくぜい》などをあつかう方術《ほうじゅつ》で、呪術《じゅじゅつ》・作法《さほう》を行う方術士を陰陽師《おんみょうじ》という。令《りょう》制では陰陽寮に陰陽師が六人おかれ、ほかに陰陽博士がいて陰陽生の教育にあたった。平安後期には賀茂《かも》・安倍《あべ》両氏が陰陽博士を占めた。

朱で一つの文字が書かれていた。「この秘法をする人物は私以外には道満しかいないはずだが……」。懐紙《かいし》を取りだした晴明は、鳥の形にこしらえて空中に投げあげる。たちまち紙は白鷺《しらさぎ》となって南へ飛んだ。あとを追った下僕たちは白鷺のおちた六条坊門万里小路《までのこうじ》川原院の枝折戸《しおりど》のなかへはいり、ひとりの僧をとらえた。まさしく芦屋道満である。問いつめると、道長のいとこ左大臣藤原顕光《あきみつ》の依頼によって呪《のろ》ったと白状した。道満は二度と呪詛しないとちかったうえで播磨国へ追放されたという。

京都の一条戻り橋の近くにある晴明神社には今も訪れる人がたえない。そして道満もまた日本の各地に多くの伝説を残している。

大盗 袴垂保輔《はかまだれやすすけ》の登場

十一世紀の初めごろであろうか。都に「いみじき盗人の大将軍」とよばれた盗賊がいた。名は袴垂、「心太く、力強く、足早く、腕前すぐれ、思慮深く、世に並びない」人物だが伝記は伝わらず、実名もわからない。それが袴垂保輔とよばれるのはなぜだろうか。

『今昔物語集《こんじゃくものがたりしゅう》』につぎのような話がある。十月のある朧月《おぼろづき》の夜、京の町を指貫《さしぬき》の袴に狩衣《かりぎぬ》をつけた男が笛を吹きながら歩いていた。喜んだ袴垂だが、なんとなく物恐ろしくて近づけない。一〇町ばかりもついていったあと、袴垂が抜刀《ばっとう》して走りよった。男は笛をやめて問う。「なにものか」。

へなへなとくずれおちた袴垂は「追い剝《はぎ》の袴垂でござる」とこたえる。「ともかくもついて参れ」といった男は、また笛を吹いて歩きだす。家に着いた男は綿入れの衣をあたえ、「必要なら今後もこい。相手も知らずにおそいかかるとあぶない目にあうぞ」といったという。

この男は藤原保昌《やすまさ》であった。国司《こくし》も歴任した中級貴族で、和泉式部《いずみしきぶ》の夫として知られている。『尊卑分脈《そんぴぶんみゃく》』には南家武智麻呂《なんけむちまろ》流に位置づけ、「歌人、勇士武略之長」とあり、『今昔物語集』では「心太く、腕前すぐれ、思慮深い」人物だとほめている。

おどろくのは、この保昌の弟の保輔である。保輔は下級官人だったが、文人の大江匡衡《おおえのまさひら》らに刃傷《にんじょう》した一味として追われ、多くの悪事を重ねたすえ、逮捕されて獄中で自殺した。『尊卑分脈』は彼について、「強盗《ごうとう》の張本、本朝《ほんちょう》第一の武略、追討宣旨《せんじ》を蒙《こうむ》ること一五度」と記している。保輔は保昌の弟だから袴垂が保輔でないことはあきらかだが、後世この二人の大盗賊が合体して袴垂保輔という人物が生みだされたのであろう。

平安時代はけっして平安な時代ではなかった。十一世紀のころの京都は治安が乱れ、内裏《だいり》や摂関《せっかん》の邸に盗賊・暴漢が悠々と侵入し、官人であっても強盗するという状況であった。貴族は怨霊《おんりょう》に悩まされ、政争あいつぎ、治安は最悪のうえに、天災・疫病があいつぐという不安な時代だったのである。

8　平安文化

日本に伝えられたヒンドゥーの神々

「何々天」と名づけられた仏たちのなかには、本来はバラモン教の神々で、仏教に帰依《きえ》して護法《ごほう》神《しん》となったものが多い。バラモン教はのちにヒンドゥー教に発展するから、日本の古い仏像のなかに、姿を変えたバラモン・ヒンドゥーの神々をみることができる。そもそも「天」とは、サンスクリット語のデーヴァ（神）の漢訳なのである。

七福神《しちふくじん》の一つの大黒天《だいこくてん》は、本来は戦いや破壊をつかさどるシヴァ神の化身マハーカーラ（「大いなる暗黒」の意味）である。梵天《ぼんてん》は、本来は宇宙の創造神であるブラフマーのこと。世界の根本原理を意味する「ブラフマン」は、仏典では「梵」と漢訳されている。東寺講堂《とうじこうどう》の梵天像は、ブラフマー神と同じく、四面四臂《しめんしひ》の姿につくられている。梵天と一対と考えられる帝釈天《たいしゃくてん》は、本来は天界最強の軍神インドラのことである。奈良時代にさかんに信仰され、薬師寺《やくしじ》の画像で知られる吉祥天《きちじょうてん》は、本来は富と豊饒《ほうじょう》の女神ラクシュミである。そして本来は財神クベーラであった毘沙門天《びしゃもんてん》の妃とされている弁才天《べんざいてん》は、本来は学問と技芸《ぎげい》の神であるサラスヴァティである。インドではヴィーナという楽器をかかえ、必ず背後に川が描かれているが、もとは川の女神であったからである。日本

ヒンドゥーの神々　左よりサラスヴァティ，ラクシュミ，ガネーシャ(象の鼻をもっている。日本では歓喜天《かんぎてん》といわれている)。

の弁才天は琵琶《びわ》をかかえ、水に縁のあるところにまつられている。弁財天とも表記されるため、財神としての性格を強めて、吉祥天に取ってかわるようになった。鎌倉の銭洗弁天《ぜにあらいべんてん》はこのよい例である。興《こう》福寺《ふくじ》の三面六臂《さんめんろっぴ》の乾漆《かんしつ》像で知られる阿修羅《あしゅら》は、本来は神々に敵対した悪神のアスラである。仏教に帰依《きえ》してからは、八部衆《はちぶしゅう》に加えられて護法神となった。

以上のほかにもさまざまな諸天が、バラモン・ヒンドゥーの神々に起源をもっており、仏教がインドにはじまる宗教であることを、改めて実感させられる。

地獄のイメージを定着させた源信《げんしん》

平安初期にまとめられた『日本霊異記《にほんりょういき》』には地獄の話がいくつかおさめられている。藤原京の官人膳臣広国《かしわでのおみひろくに》は前世の罪で地獄におちた昔の妻が鉄

チベットの六道図　中央上部が天道，それから時計まわりに人道，餓鬼道，地獄道，畜生道，修羅道のありさまを描く。

の釘《くぎ》を頭から打ちこまれ、鉄の縄でしばられているのをみた。さらに亡父が数々の罪のむくいで熱い銅の柱をいだかされ、鉄の鞭《むち》で一日九〇〇回も打たれる情景も目撃する。また、河内《かわち》の僧智光《ちこう》は行基《ぎょうき》菩薩《ぼさつ》をそしったかどで地獄におち、焦熱《しょうねつ》の地獄で熱い鉄柱をいだかされ、阿鼻《あび》地獄で焼き煎《い》られる責苦《せめく》をうける。地獄の様子はさまざまで、一定したイメージでまとまっていない。

この世で悪業《あくごう》を積んだものが、死後に地下の世界におとされ、さまざまの地獄で苦しめられるということは多くの経典《きょうてん》で説かれるが、「地獄とはこんなものだ」というイメージが広く人びとの心に定着したのは、九世紀に恵心僧都《えしんそうず》源信が八大地獄のありさまを詳述してからのことだった。源信はまず衆生《しゅじょう》がみずからの業《ごう》によって輪廻《りんね》する六道《ろくどう》の世界を説く。天道《てんどう》・人《にん》道・修羅《しゅら》道・畜生《ちくしょう》道・

餓鬼《がき》道、そして地獄道である。源信はこのようなけがれた現世、穢土《えど》を離れ、阿弥陀仏《あみだぶつ》の極楽浄《ごくらくじょう》土《ど》に往生《おうじょう》するために念仏にすがれと説くのだが、最悪の地獄の様子はまことに具体的に説明されている。

地獄は人間世界の地下深く、八層に分かれて存在する。殺生《せっしょう》の罪をおかしたものは第一の等活《とうかつ》地獄におち、罪人同士も傷つけあう。盗みも加わる罪人はつぎの黒縄《こくじょう》地獄におち、鉄の黒縄で身体を巻かれ、切りきざまれる。不倫《ふりん》の罪も加わるとその下の衆合《しゅごう》地獄で岩にはさまれ、臼《うす》でつかれ、刃の林を上下させられる。飲酒《おんじゅ》の罪まで加われば叫喚《きょうかん》地獄で釜で煎られ、熱い銅を口にそそがれて叫び声をあげる。詐欺まで働いた罪人は大叫喚地獄におちて舌までぬかれる。さらに重罪人は焦

●六道《ろくどう》●

仏教では、いっさいの衆生《しゅじょう》は生前の業《ごう》によってつねに生死《しょうじ》を繰り返すと考える。これを輪《りん》廻《ね》といい、まわる世界は地獄道・餓鬼道・畜生道・修羅道・人道・天道の六つで、これを六道というが、地獄・餓鬼・畜生の三道は三悪道《さんあくどう》ともいう。チベット仏教では寺院の入口に前頁図のような絵がかけられ、人びとに視覚的に理解させている。

十一世紀以降、死者が六道に迷うことのないよう、辻や墓地の入口に六道のそれぞれで人を守り、案内する六道地蔵がおかれるようになった。そうした辻を六道の辻とよんでいる。

熱地獄で猛火に焼かれ、そのうえの罪人は大焦熱地獄で炎熱の苦しみをうけ、最後は阿鼻《あび》地獄（無《む》間《げん》地獄）におとされて七重の鉄壁のなかにとじこめられ、局限の苦しみを味わうことになる。まさに阿鼻叫喚のいたましい世界である。

源信の記述は多くの六道絵・地獄絵に描かれて、庶民に実感をもって迫った。中世末から近世にかけ、各地で僧や熊野比丘尼《くまのびくに》たちが地獄図をかかげて絵解《えと》きをすることが広まった。地獄思想は人びとの心に定着し、浄土への往生《おうじょう》の願いはいっそう強まる。各地の寺院の仏像に阿弥陀如来《にょらい》と地《じ》蔵菩薩《ぞうぼさつ》が多いのは、こういう願いの反映だといえよう。

日本紀《にほんぎ》の御局《みつぼね》

紫式部《むらさきしきぶ》の父藤原為時《ふじわらのためとき》は、国司《こくし》を歴任する中級貴族であったが、文章博士《もんじょうはかせ》菅原文時《すがわらのふみとき》に学ぶすぐれた漢学者であった。家柄にみこみがなければ、学問により身をたてるほかはない。そう考えた為時は、息子の惟規《のぶのり》に『史記《しき》』などの漢籍《かんせき》を厳しく教えこんだ。しかし覚えがわるく、父はいらだつばかりであった。ところがかたわらで聞いている紫式部はすぐに覚えてしまうので、為時は「この娘が男子であったならば」とつねづねなげいていたという。

紫式部が中宮彰子《ちゅうぐうしょうし》につかえていたときのことである。『源氏物語《げんじものがたり》』を女房《にょうぼう》に読ませて聞いていた一条《いちじょう》天皇が、「この作者は日本紀（『日本書紀』以下の六国史《りっこくし》）をよく読んでいる」と感想をもらした。天皇自身も和漢の典籍に造詣《ぞうけい》が深かったから、その素養をみぬいたのである。ところがこれをもれ聞いた左衛門内侍《さえもんのないし》橘隆子《たちばなのりゅうし》という、かねてから紫式部に悪意をもって陰口をきいていた女房が、「式部は学問を鼻にかけている」と殿上人《てんじょうびと》にいいふらし、「日本紀の御局」という渾名《あだな》をつけた。

漢文の才は男には不可欠であるが、それをひけらかすようでは出世しない。まして女が漢文をたしなむものではない、というのが当時の通念である。紫式部の才能は隠しようもなかったであろうが、一という漢字すら知らないと人前では無学をよそおったのが紫式部である。それだけに清少《せいしょう》納言《なごん》に対しては、「したり顔をして漢字を書き散らしてはいるが、よくみればまだ不十分なことが

●日本紀《にほんぎ》●

六国史《りっこくし》の最初の書は『日本書紀』とよばれているが、本来は『日本紀』であったらしい。「書紀」となったのは平安初期で、それ以後は『日本書紀』『日本紀』両様の書名が使われている。中国の例では「紀」は編年体《へんねんたい》の史書の名に、「書紀」は紀伝体《きでんたい》のそれに用いられている。坂本太郎は「紀だけではさびしいと思った中国かぶれの学者がさかしらに加えたもの」ではないかと推測するが、事実として『日本書紀』に続く史書は『続《しょく》日本紀』『日本後紀《こうき》』『続日本後紀』だから、最初のものが『日本紀』であった可能性は高いと思われる。

多い」と、痛烈に批判したのはよく知られている。

平安美人の条件

『堤中納言物語《つつみちゅうなごんものがたり》』にでてくる「虫めづる姫君」は、「眉《まゆ》さらに抜きたまはず、歯黒《はぐろ》め、〝さらにうるさし、きたなし〟とて、つけたまはず、いと白らかに笑《え》みつつ」の日常であったという。これは、平安時代の理想的な女性像とは正反対の人物として描かれている。

つまり、平安時代の女性（とくに貴族層）は、自然な眉はしどけなきものとして毛抜きですべてぬきとってしまい、そのうえのほうに黛《まゆずみ》で少し太めで直線的な眉をかいた。また、成人の女性は、御歯黒《おはぐろ》といって歯を黒くそめるようになった。この風習は、院政期になると白粉《おしろい》とともに公卿《くぎょう》までも行うようになった。平敦盛《たいらのあつもり》が一《いち》の谷《たに》の戦陣にのぞみ、薄化粧と歯黒めの身だしなみをしていた話は有名である。なお、御歯黒は江戸時代には、結婚した女性のみが行うようになった。

平安時代の美人の最大要件は、『源氏物語《げんじものがたり》』などでもわかるように髪が黒く、かつ長いことであった。当時の女性は、元服《げんぷく》前は髪を振分髪《ふりわけ》とし、元服すると長髪を背のところでたばね、さらにこれを長く後ろにたらしていた。その代表例が『大鏡《おおかがみ》』にでている。

左大臣藤原師尹《ふじわらのもろただ》の第一女で村上《むらかみ》天皇の寵愛《ちょうあい》をうけた宣耀殿《せんようでん》の女御芳子《にょうごほうし》（『源氏物語』の桐壺《きりつぼ》のモデルといわれている）は、美貌《びぼう》の誉《ほま》れが高かった。名実ともに才色兼備であったので、中宮安子《ちゅうぐうあんし》（冷《れい》泉《ぜい》・円融《えんゆう》両天皇の生母）にねたまれたという。あるとき彼女が「参内《さんだい》なさろうとして、お車にお乗りになると、ご自身のお体はお車に乗っておられながら、お髪《ぐし》の端がまだ母屋《もや》（寝殿造《しんでんづくり》の建物の中心の部屋）の柱のもとにおありでした。お髪の一筋を陸奥紙《みちのくがみ》（檀紙《だんし》、上質の和紙）のうえにおいたところ、少しも白いすき間がみえなかったと申し伝えているようです」という。優に髪の長さは四メートルをこえていたのではないだろうか。

わが国で世界三大美女のひとりといわれている小野小町《おののこまち》が、長くのびた緑の黒髪の後ろ姿でのみ描かれている理由の一端がわかろう。

病気に悩まされた平安貴族

『源氏物語《げんじものがたり》』などでイメージする平安貴族の生活はきわめて優雅だが、実際には日常行動の制約も多く、さまざまの災厄におびえる毎日であった。とくに彼らを悩ませたのは、治安の乱れと怨《おん》霊《りょう》への恐怖、それに天災と疫病《えきびょう》の流行であった。

病気が流行した原因には、不衛生な生活環境がある。開放的な寝殿造《しんでんづくり》の建物は、寒暖への対応ができず、風邪や気管支炎にかかりやすくさせた。採光も不備で、夜間照明の暗さは視力にも影響をあたえる。食事については、栄養への意識はなく、脚気《かっけ》も多かったし、食糧保存技術のないままに食中毒もしばしばおこった。そのうえ、迷信にしばられて、五日に一度ぐらいの入浴をするにも

にせ医者の手で失明する男(『病草紙』)

日を選び、女性の洗髪は、四・五・九・十月などは忌《い》むべきだとして洗わなかったというのだから疥癬《かいせん》などが伝染しても不思議はない。

　中央政府には典薬寮《てんやくりょう》はあったが、医療体制も技術もきわめて不備であったから、病気になった人びとはまず加持祈禱《かじきとう》にたより、迷信にすがる。平安末期の『病草紙《やまいのそうし》』にはひどい医療ミスの例がある。被害者は大和《やまと》国の豪族のもとで働く使用人。白内《はくない》障《しょう》で目がみえにくいという。そこへ門前に自称眼医者があらわれ、喜んだ豪族が治療をたのんだ。医者は手術が必要だといい、メスをいれて引きあげた。だが使用人の目はいよいよみえなくなり、ついに片目がつぶれてしまったというのである。貴族の藤原実資《ふじわらのさねすけ》の場合は、娘が指を鼠《ねずみ》にかじられたとき、侍医は薬草の煮汁をつけたうえで、鼠がかんだのだから猫の糞を焼いてその灰をつけてもいいといったというから笑わせる。

十世紀末から十一世紀初めにかけて大流行した疫病は、天然痘《てんねんとう》と麻疹《はしか》であり、上は天皇から下は庶民に至るまで多くの死者をだした。またインフルエンザやマラリヤもおおいに流行した。このころ、わが世の春を謳歌《おうか》していた藤原道長《みちなが》も病気に苦しんでいた。発熱・胸痛をともなう肺の病と眼病による視力の衰えとの二つで、道長に法成寺《ほうじょうじ》建立の決心をおこさせたのも、この病気におうところが大きいとみられている。

藤原道長《ふじわらのみちなが》の最期《さいご》

藤原道長が有名な「望月《もちづき》の歌」をよみ、得意絶頂であったのは、五三歳のときである。しかしこのころからたえず病気に悩まされ続けていた。日記に残された症状からみて、心臓や肺の病気であったらしく、また二〜三尺離れると人の顔もわからないほど視力も衰えていた。

六〇歳のとき娘の寛子《かんし》が死去し、さらに嬉子《きし》（後朱雀《ごすざく》天皇が皇太子のときの女御《にょうご》）が男子（のちの後《ご》冷泉《れいぜい》天皇）をうんだ直後、流行の赤もがさにかかり、わずか一九歳で死去。最晩年の六二歳のときには、息子の顕信《あきのぶ》と娘の妍子《けんし》（三条《さんじょう》天皇中宮《ちゅうぐう》）が死去し、人の子の親としての悲しみにうちひしがれた。

そのころには道長自身の病も重く、背中の腫物《はれもの》が悪化して、おきあがることすら苦痛であった。

最後はその痛みに相当苦しんだようであるが、これが最期と自覚して、ひたすら念仏三昧《ざんまい》でそのときを迎えた。

息子の頼通《よりみち》が祈禱《きとう》を指図すると、「無用であるばかりか、かえって恨みに思う。今はただ念仏だけを聞いていたい」といって、かたくなに拒否をする。

そして道長邸の土御門《つちみかど》殿に接してたてられた法成寺《ほうじょうじ》の阿弥陀堂《あみだどう》に移り、西側だけをあけて周囲に高い屛風《びょうぶ》をめぐらし、九体阿弥陀仏をあおぐように北枕西向きに伏した。そして阿弥陀仏の手をとおした糸をしっかりと握りしめ、ひとり弱々しく念仏をとなえ続けるので、その声が聞こえるうちはまだ存命中であるとわかる状態であった。死去したのは一〇二七（万寿《まんじゅ》四）年十二月四日、享年六二歳であった。同日、三蹟《さんせき》のひとりで道長が信頼していた藤原行成《ゆきなり》も死去した。

鶯宿梅《おうしゅくばい》

村上《むらかみ》天皇の時代、清涼殿《せいりょうでん》の前の梅の木が枯れたので、それに代わる銘木《めいぼく》を探させた。西の京のとある家に姿のよい紅梅《こうばい》をみつけたので、掘りとって移植しようとしたところ、家の女主人が和歌を一首書きつけたものを結びつけた。

天皇がこれをみると、「勅なればいともかしこし鶯《うぐいす》の宿はと問はばいかがこたへむ」とある。要するに、鶯が巣をかけていることを口実として、気のすすまない本心をもらしたのである。

この気のきいた歌の才におどろいた天皇は、その女主人の素性《すじょう》を調べさせたところ、『古今和歌《こきんわか》集《しゅう》』の編者のひとりである紀貫之《きのつらゆき》の娘であるとわかって、納得をした。天皇は遺根《いこん》の業をしたことだとおおいに悔やんで、もとに返したということである。「鶯宿梅」とよばれるこの話は『大鏡《おおかがみ》』の伝えるところで、古来よく知られている。

しかし実際には、鶯は梅に巣をかけたり、ことさら梅の木を好む習性があるわけではない。清《せい》少納言《しょうなごん》は『枕草子《まくらのそうし》』のなかで、一〇年ばかり宮使えをしたが、宮中《きゅうちゅう》の梅の木に鳴くのを聞いたことはないのに、名もなき民家のみどころもない梅の木には、うるさいまでに鳴くと、恨みごとを述べている。鶯が好むのは竹やあまり背丈の高くない木がうっそうと茂るようなところであるから、清少納言の観察は正しい。

梅と鶯の取りあわせは『万葉集』にもたくさんみられるが、春を告げる花と春を告げる鳥と理解され、自然に相性のよいものと考えられるようになっただけである。

筑前《ちくぜん》の長者と真珠

十一世紀初めのころ、筑前博多《はかた》の長者貞重《ちょうじゃさだしげ》は上京することになり、関白頼通《かんぱくよりみち》や知人たちへの贈り物を六、七千疋《びき》分ほど唐人《とうじん》から借り、質物《しちもつ》として名刀を一〇振りばかりおいてきた。京での用をすませ、淀《よど》で帰国の船をまっているとき、小舟に乗って商いをする男がひとりやってきて、「玉を買わないか」とよびかける。貞重の従者が声をかけると、商人は大豆ほどの大きさの真珠を取りだし、気にいった男は着ていた水干《すいかん》と交換することにした。玉を渡した商人は早々に立ち去り、買った男は「しまったかな」という思いが残った。

日を経て貞重一行は筑前博多へ戻った。貞重は唐人のところへいって礼をいい、従者の男は唐人に「玉を買わないか」ともちかけた。真珠を眺めた唐人は、男の申しでた一〇疋という値段を即座に承知した。男は急に欲がでて、唐人から真珠を取り返した。貞重が船頭と話していると、唐人がやってきて船頭にささやきかけた。船頭は貞重に「玉をもっている男を召しだしてほしい」という。そのとき、唐人は群衆のなかにめざとく男をみつけ、貞重に「玉がほしい」と告げた。貞重が男に玉をださせ、船頭に渡すと、船頭は急いで唐人の家へ走りこんだ。やがてもどった船頭は、無言のままで貞重が質においていった一〇振りの名刀を返却した。思わぬことで貞重は、男がわずか水干一領で求めた真珠によって多くのものを得ることになったわけだが、世人は、「これも貞重の福報のいたすところだ」と評したという。

この時代、遣唐使《けんとうし》は廃されていたが、宋船《そうせん》はさかんに来航し、交易が行われていた。当時書かれた『新猿楽記《しんさるがくき》』は、主人公の八番目の息子が宋との貿易を活発に行い、多くの珍しい唐物《からもの》の見返りに日本の金銀・水銀・水晶・硫黄《いおう》などの特産物を輸出したと記しているが、そのなかに阿古夜玉《あこやだま》がある。阿古屋貝の含む真珠のことで、中国人にとって真珠はきわめて珍しく高価な品物だったこと

書写山円教寺大講堂（姫路市）

を物語っている。

閻魔《えんま》の庁から抗議された性空上人《しょうくうしょうにん》

西国《さいごく》三十三所観音《かんのん》霊場第二七番札所《ふだしょ》の書写《しょしゃ》山円《えん》教寺《ぎょうじ》は、十世紀なかばに性空上人が開いた天台宗《てんだいしゅう》の道場である。性空は京都の人で、俗姓《ぞくしょう》は橘《たちばな》氏。一〇歳のときから生涯かわらず法華《ほけ》経《きょう》を受持し続けた行者《ぎょうじゃ》である。三六歳で出家し、九州の霧島《きりしま》や背振《せぶり》山で修行を積み重ねた人物で、多くの書物には彼をめぐるさまざまの奇瑞《きずい》が伝えられている。

彼の一生は、左手に一本の針《はり》をにぎって生まれたことからはじまった。仏道の修行にはいると深山幽《しんざんゆう》谷《こく》に草庵《そうあん》を結び、毘沙門天《びしゃもんてん》からつかわされた眷属《けんぞく》が童《わらべ》に姿を変じて日常の用を足したという。夢のなかの食事で空腹を満たし、読誦《どくじゅ》する経巻《きょうかん》のなかから白米や餅などをだし、寒い夜には綿の厚い着物が上空から降りてきて身体をつつんだと伝えられる。

性空の徳を尊んだ花山《かざん》法皇は、二度にわたって円教寺を訪れ、つれていった絵師《えし》にこっそりと上人の姿を写させた。とたんに山が鳴り、地が動く。絵師は性空の顔にあるあざをみおとして描かなかったが、地震のために筆をおとしたとき、ついた墨跡はちょうどそのあざのところだったという。

性空はつねに法華経の書写につとめていた。あるとき、閻魔《えんま》の王宮《おうきゅう》から役人がやってきた。「われわれのいる地獄には、みずからつくった悪業《あくごう》の報《むく》いをうけるために多くの衆生《しゅじょう》がやってくる。ところが罪人たちはまだ報いをうけていないのに、上人の写経の功徳《くどく》によって人道《にんどう》・天道《てんどう》に生まれかわったり、仏の浄土《じょうど》へいったりするので、地獄はこのところすっかり荒廃してしまった。上人さま、どうか写経をやめていただきたい」。性空はこたえた。「そういうことは私がとやかくできることではない。すみやかに釈迦如来《しゃかにょらい》に申しあげて処置してもらいたい」と。『古今著聞集《ここんちょもんじゅう》』にのせられている話である。

9 源平争乱

毛越寺《もうつうじ》と雲慶《うんけい》

奥州藤原《ふじわら》氏の二代基衡《もとひら》は、初代清衡《きよひら》がたてた中尊寺《ちゅうそんじ》の南に「荘厳《しょうごん》は吾朝無双《わがちょうむそう》」と後世称される毛越寺を創建した。彼はその金堂《こんどう》をかざる本尊《ほんぞん》の丈六《じょうろく》の薬師如来《やくしにょらい》像と十二神将《じゅうにしんしょう》像との制作を、当代きっての名仏師《めいぶっし》雲慶にたのんだ。雲慶は上・中・下の三ランクのどれにするかを問うてきたので基衡は中ランクを注文した。

その際基衡は、手付け金として金一〇〇両《りょう》（約三・七五キロで現在だと約四五〇〇万円に相当）を贈り、引出物として鷲《わし》の羽一〇〇尻《しり》、直径七間《けん》（約一二・七メートル）もある水豹《あざらし》の皮六十余枚、安達《あだち》郡産の絹一〇〇〇疋《ぴき》（一疋は二反、約七・八メートル）、希婦《けふ》（『吾妻鏡《あずまかがみ》』の記事で、生産地名かと思われる）の細布《さいふ》二〇〇〇端《たん》、糠部《ぬかのぶ》産の駿馬《しゅんめ》一〇〇疋、白布三〇〇〇端、信夫《しのぶ》郡産の毛地摺《もじずり》（摺絹《すりぎぬ》の一種）一〇〇〇端や山海の珍味《ちんみ》を仏像ができあがるまで三年間送り続けた。このため東海道《とうかいどう》、東山道《とうさんどう》に上り下りの人馬の往来がたえることがなかったという。

あるときは「別禄《べつろく》」として三艘《そう》の船に生絹《すずしのきぬ》を積んで送ったところ、雲慶が「まことに有難いが、練絹《ねりぎぬ》（灰汁《あく》などで煮てやわらかにした絹）だともっとよかったのに」と、冗談まじりでいったところ、

毛越寺復元図（岩手県平泉町）

それを伝え聞いた基衡は三艘分の練絹をとどけたという。こうした基衡の金《かね》に糸目《いとめ》をつけない行為は雲慶にもつうじたとみえ、できあがった仏像は金色燦然《こんじきさんぜん》と輝くみごとなものであった。仏像に玉眼《ぎょくがん》（彫像の眼に水晶・珠玉《しゅぎょく》・ガラスなどをはめこむ）をいれるのもこのときにはじまる新様式であったという。

　この仏像をみた鳥羽《とば》上皇《じょうこう》は、あまりのすばらしさに心を奪われ、奥州にやることを禁じてしまった。困惑した基衡は、多額の金品を関白藤原忠通《ただみち》に贈って仲介を依頼した。この結果、やっと毛越寺におさめられることが了承されたという。また、金堂の円隆寺《えんりゅうじ》の扁額《へんがく》は、当代の名筆家《めいひつか》として知られた忠通の手になる。ただし、基衡の贅《ぜい》をきわめた毛越寺は、現在浄《じょう》土《ど》庭園などを残すのみである。

　なお、これらの記事は『吾妻鏡』によっているが、ここに登場する雲慶を東大寺南大門《とうだいじなんだいもん》の金剛力士《こんごうりきし》像の作者運慶と同一人物とすると、二、三十年のズレが生じる。同一人物だとすると十代前後ですでに名人の域に達していたのか、話に錯誤《さくご》があるのか、あるいは別に著名な仏師雲慶がいたのか。事の真偽は定かでない。

叔父子《おじご》とよばれた崇徳《すとく》

保元《ほうげん》の乱《らん》をおこした崇徳上皇《じょうこう》は、一一一九（元永《げんえい》二）年五月二十八日に鳥羽《とば》天皇の第一皇子として生まれた。顕仁親王《あきひとしんのう》である。母は待賢門院璋子《たいけんもんいんしょうし》（権大納言藤原公実《ごんのだいなごんふじわらのきんざね》の娘）であった。前年正月、一八歳の璋子は一六歳の鳥羽天皇の中宮《ちゅうぐう》として立后《りっごう》した。璋子は、顕仁親王を筆頭に五皇子二皇女をもうけているが、詢子内親王《じゅんしないしんのう》は「端正美麗《たんせいびれい》、眼の及ぶ所に非《あら》ず」、禧子《きし》内親王は「是《こ》れまた容《よう》顔斎院《がんさいいん》（詢子内親王）に勝《すぐ》れ給《たま》う」と、いずれも絶世の美人であったと伝えている。したがって、母の璋子も類《たぐい》ない美貌《びぼう》の持ち主であったことは想像に難くない。

ところで、鎌倉時代初期の説話集『古事談《こじだん》』には、つぎのような話が記されている。「待賢門院（璋子）は白河院御猶子《ごゆうし》（養女）という資格で入内《じゅだい》し、その間に（白河）法皇は、（璋子と）密通した。これはだれも知っていることだ。崇徳院（顕仁親王）は白河の御胤子《ごいんし》という。鳥羽院もその由を知っており、叔父子とよんでいた」というのである。鳥羽天皇は、白河法皇の子堀河《ほりかわ》天皇の第一皇子であった。ということは、顕仁親王が白河法皇の子であれば、父の弟、つまり叔父にあたることになる。だから「叔父子」とよんだというのである。

事の真偽は断定できないが、鳥羽天皇がそう思っていたことは事実といえよう。一一二三（保安《ほうあん》四）年、二一歳になった鳥羽天皇が五歳の顕仁親王（崇徳天皇）に譲位したのは、白河法皇の強い意向であったという。しかし、白河法皇が没して鳥羽上皇の院政《いんせい》がはじまると、鳥羽と崇徳の関係は微妙に変化していった。一一四一（永治《えいじ》元）年、二三歳の崇徳天皇は上皇の策略にはまって、心ならずも上皇の寵妃美福門院得子《ちょうひびふくもんいんとくし》（藤原長実《ながざね》の娘）の生んだ三歳の近衛《このえ》天皇に譲位させられた。上皇の叔父子に対するしっぺ返しといえよう。慈円《じえん》のあらわした『愚管抄《ぐかんしょう》』は、このときの遺恨《いこん》が保元の乱の一因となったと記している。

伊豆七島《いずしちとう》の鎮西八郎《ちんぜいはちろう》

身長七尺余、武勇にすぐれ、とくに強弓《ごうきゅう》で鳴らした鎮西八郎為朝《ためとも》は、保元《ほうげん》の乱《らん》後、近江《おうみ》国でとらえられた。公卿僉議《くぎょうせんぎ》で武芸の才を惜しまれた為朝は、死一等を減じられ、腕の筋をきられて伊《い》豆大島《ずおおしま》へ流された。その後の為朝について『保元物語』は、為朝が利島《としま》・神津《こうづ》島・三宅《みやけ》島などをしたがえ、国への貢税を奪うなどの乱暴をしたため、伊豆介工藤茂光《すけくどうもちみつ》に上訴・追討され、為朝は一矢で軍船一隻を射ぬいたのち、三二歳の若さで大島で自害したと伝える。ときに一一七〇（嘉応《かおう》二）年であった。『尊卑分脈《そんぴぶんみゃく》』はこれを一一七七（治承《じしょう》元）年のこととし、首は京都に送られ、獄舎《ごくしゃ》の門にさらされたという。

大島には為朝の伝承が残り、為朝は代官の娘婿となり、為頼《ためより》ら二男一女をもうけたという。岡田港近くの岡田八幡《はちまん》神社には為朝もまつられ、毎年正月には為朝をしのぶ行事がある。元町《もとまち》港の近くには為朝の館跡と為朝神社が残され、長根浜《ながねはま》公園には記念碑もある。

英雄の死を惜しむ気持ちは為朝伝説を生みだしていく。大島に流されてから一〇年後、為朝は鷺《さぎ》の飛び去るかなたへ島を求めて船出をする。着いたところは鬼が島、どうやら現在の八丈小島《はちじょうこじま》あたりだったらしい。ここにはかつて為朝神社があり、その御神体《ごしんたい》とされた「銅版源為朝神像」は、

為朝だこ

東京都の有形民俗文化財として八丈島の歴史民俗資料館に展示されている。銘《めい》によると一六〇二(慶長《けいちょう》七)年、京都でつくられている。八丈島の宗福寺《そうふくじ》は源為宗《ためむね》創建といい、現在の住職は為朝三五代の子孫だと伝える。ここには江戸時代に奉納された「源為朝之社神」とある額も残されている。八丈の人びとは、為朝終焉《しゅうえん》の地は大島ではなく八丈小島だと主張するが、毎年正月には現在も手作りの「為朝だこ」があげられている。

首をさらされた信西入道《しんぜいにゅうどう》

保元《ほうげん》の乱《らん》を演出した信西入道、藤原通憲《ふじわらのみちのり》は『愚管抄《ぐかんしょう》』に「日本第一大学生《がくしょう》」と評された藤原頼《より》長《なが》でさえ、その博覧《はくらん》ぶりに敬服したという「抜群ノ者」であった。来日した宋《そう》人と中国語で話すこともできたという逸話《いつわ》も残している。

信西はとくに法学にくわしかった。『法曹類林《ほうそうるいりん》』という一二三〇巻の法例集もまとめている。保元の乱で勝利を得た信西は、敵方の徹底打倒をはかり、薬子《くすこ》の変(八一〇年)以後、三五〇年も行われていなかった死罪を復活した。ために平清盛《たいらのきよもり》は叔父の忠正《ただまさ》を、源義朝《みなもとのよしとも》は父の為義《ためよし》を処刑させられたのである。

信西は後白河《ごしらかわ》天皇のもとで、摂関《せっかん》をおさえ、政治を取りしきった。しかし、二年後、上皇《じょうこう》となった後白河の寵愛《ちょうあい》した藤原信頼《のぶより》が、源義朝とくんでクーデタをおこす。一一五九(平治《へいじ》元)年十二月、

獄門にかけられた信西入道の首(『平治物語絵巻』)

獄門《ごくもん》

文字どおり獄舎《ごくしゃ》の門。京都には左右両京、三条通りに獄舎があり、その門前の柱や棟《むね》のうえに罪人の首をさらした。

江戸時代には刑罰の名の一つとなった。江戸では小塚原《こづかっぱら》と鈴ケ森《すずがもり》の二カ所に処刑場があり、そこに設けられた獄門台のうえに首を三日三晩さらす刑となった。磔《はりつけ》につぐ重刑であった。元《げん》禄《ろく》時代（一六八八〜一七〇四）のドイツ人ケンペルや幕末のアメリカ人ハリスは、ともに鈴ケ森刑場のそばをとおり、刑場のむごたらしさにおどろいている。

信頼・義朝軍は平清盛の熊野詣《くまのもうで》の留守をついて院の御所《ごしょ》三条殿をおそい、ついで信西の邸に乱入し、これを焼きはらった。

『平治物語絵巻《へいじものがたりえまき》』は信西の最期《さいご》を非情な眼で描いている。いち早く逃亡した信西は、大和《やまと》をめざして伊賀《いが》国との国境、宇治田原《うじたはら》まできたが、もはやこれまでと思いつめて腹を切り、土中の穴にはいって板で蓋《ふた》をした。しかし追捕《ついぶ》にむかった源光保《みつやす》の軍は、信西の郎等《ろうどう》からその場所を吐かせ、穴から信西を引きずりだすと、無情にも首を斬《き》りとった。信西ときに五五歳である。長刀《なぎなた》に首をくくりつけた光保の一行は、京都へ戻って検非違使《けびいし》に引き渡す。信西の首は三条大路を西へ進み、獄舎《ごくしゃ》の門の棟のうえにさらされた。みずから死罪を復活した信西は、皮肉にもわが身にその刑をうけることになったのである。

源三位《げんざんみ》頼政《よりまさ》の鵺《ぬえ》退治

源《みなもとの》頼政といえば一一八〇（治承《じしょう》四）年の以仁王《もちひとおう》の挙兵《きょへい》に参加し、平清盛《たいらのきよもり》に反旗《はんき》をひるがえした人物である。源三位入道の名で知られているが、それはつぎのような事情による。頼政は平治《へいじ》の乱《らん》で清盛側についたものの、源氏であるためになかなか昇進できなかった。正四位下から三位をのぞんだ頼政は思いのたけを歌に託した。「のぼるべきたよりなき身は木のもとに、しゐを拾ひて世をわたるかな」。これをみた清盛が昇進を強く推し、そのかいあって頼政はついに従三位となり、まもなく出家した。ときに七五歳である。

このことが示すように、頼政は武士でありながら、むしろ歌人として知られていた。『新古今和《しんこきんわ》歌集《かしゅう》』など勅撰《ちょくせん》の和歌集に六〇余首も採録されている。しかし最後は敢然として挙兵し、宇治《うじ》で徹底抗戦のすえ、平等院《びょうどういん》内で自殺し、武士として七七歳の生涯をとじた。頼政の武勇の側面はつぎのような伝説に残されている。ただし事実は確認できない。

仁平《にんぴょう》年間（一一五一～五四）、まだ十二、三歳だった近衛《このえ》天皇は、毎夜のように御所《ごしょ》をおおう黒雲におびえていた。高僧たちの祈りもまるで効果はなく、ついに源頼政に怪異《かいい》退治の命がくだった。頼政は郎等《ろうどう》ひとりをしたがえ、重籐《しげとう》の弓に二筋の矢をもってまちうけた。深夜丑《うし》の刻《こく》（午前二時）、東から流れてきた黒雲が御所のうえにやってきた。頼政は八幡大菩薩《はちまんだいぼさつ》に祈念して矢を射放つ。奇怪な絶叫とともにどうとばかりに怪物が落下した。かけよった郎等がこれを斬《き》りさき、明かりをともして調べると、頭は猿、胴は狸、尾は蛇、手足は虎、そして声は虎つぐみに似るという怪鳥鵼であった。頼政の武勇に感じいった天皇は手づから剣をあたえたという。

斎藤実盛《さいとうさねもり》の最期《さいご》

一一八三（寿永《じゅえい》二）年、倶利伽羅谷《くりからだに》の戦いに大勝した源　義仲《みなもとのよしなか》が、さらに加賀《かが》国にはいり、篠原《しのはら》の戦いで平氏を破ったときのことである。平氏が総退却するなかで、一騎踏みとどまって奮戦する武者がいる。侍　大将《さぶらいだいしょう》だけに許される錦《にしき》の直衣《ひたたれ》を着ているため、一目で相当の地位の武者とわかる。

義仲方の手塚光盛《てづかみつもり》は、よい敵とばかりに目をつけて名を問うが、わけがあるとして名乗らない。それでもようやく組み伏せて首をかき斬《き》り、義仲の前にすえたところ、一瞬、義仲の顔色がかわった。命の恩人である斎藤実盛ではあるまいかと思ったからである。斎藤実盛は平安時代の伝説的武人である藤原利仁《としひと》の後裔《こうえい》で、一族は越前《えちぜん》国に住んでいたが、実盛自身は武蔵《むさし》国に移り住んで、はじめは源義朝《よしとも》の家人《けにん》となっていた。そして義朝の死後は平氏の家人となり、義仲討伐の戦いに従軍していたのであった。

義仲の父義賢《よしかた》が、甥《おい》の義平《よしひら》（頼朝《よりとも》の兄）に武蔵国大蔵館《おおくらやかた》で討たれたときのことである。そのときわずか二歳の義仲を主命に抗してかくまい、乳母《めのと》の夫である木曾《きそ》の豪族中原兼遠《なかはらかねとお》にあずけてくれたのが実盛であったのである。

しかしそれにしては髪が黒く、七三歳の老武者《おいむしゃ》にはみえない。それで髪を洗ってみると、案の定《あんじょう》、白髪を染めていたことがわかった。恩人のかわりはてた姿に、情にあつかった義仲は胸がつぶれる思いであったろう。

錦の直衣にはわけがあった。これを最後の戦いと覚悟した実盛は、故郷の越前に出陣するにあたり、故郷に錦を着て帰るという故事にならい、平宗盛《むねもり》じきじきの許可をうけていたのであった。また髪を染めていたことについては、老武者とあなどられるのがくやしいと、出陣には髪を染めるとかねてよりいっていたことがわかった。

五〇〇年ののちに奥の細道行脚《あんぎゃ》の途中、松尾芭蕉《まつおばしょう》が多太《ただ》神社（小松《こまつ》市）に奉納された、実盛のものと伝えられた兜《かぶと》をみて一句よんでいる。「むざんやな甲《かぶと》の下のきりぎりす」。この「きりぎりす」は、今のこおろぎのことである。

平忠度都落《たいらのただのりみやこお》ち

源《みなもとのよしなか》義仲の軍勢がいよいよ京に迫りつつあった一一八三（寿永二）年七月、平家一門は安徳《あんとく》天皇を擁《よう》して都を落ちていった。薩摩守《さつまのかみ》平忠度は清盛《きよもり》の末弟で、藤原俊成《ふじわらのとしなり》（定家《ていか》の父）に早くから和歌を学んでいた。平家一門が都落ちしてから間もなくのこと、忠度は従者とともに京へとって返し、俊成邸の門をたたいた。落人《おちうど》かと警戒していた俊成は、忠度とわかって安心して対面する。忠度は、「平家一門の運もつきようとしております。この争乱のため勅撰集《ちょくせんしゅう》撰進の沙汰《さた》もございませんが、世がおさまったのちにはそのこともございましょう。その際にはこの一巻のなかからしかるべき歌を一首なりともお撰《えら》びいただきたく」といって、平素の自詠のうち秀歌を集めた巻物《まきもの》を差しだした。俊成がけっしておろそかにはしないと約束すると、忠度は「もうこの世に思い残すことはございません。いざ」といって馬にまたがり、西の方さして去っていった。忠度はこのあと一ノ谷の戦いで討死することになるのである。

その後、藤原俊成が撰者のひとりとなって『千載和歌集《せんざいわかしゅう》』が撰ばれることになった。忠度は歌の上手であるからすぐれた歌が多かったが、勅勘《ちょくかん》（天皇の咎《とが》めをうけること）の人であるので、「故郷の花」という題でよまれた一首を、「よみ人知らず」（作者不明）として撰にいれたのであった。「さざ浪や志賀のみやこはあれにしをむかしながらの山ざくらかな」。この歌は『万葉集』巻一の「近江《おうみ》の荒れたる都を過ぐる時、柿本朝臣人麻呂《かきのもとあそんひとまろ》の作る歌」を本歌とし、人麻呂の心になってよんだものと考えられている（「故郷」はここでは「古都」の意味）。

『千載集』にはほかにもう一首忠度の歌と伝えられる歌があるが（恋歌一、「いかにせむ……」）、この場合、ただ一首撰ばれたというほうが劇的であろう。

10　執権政治

怪僧文覚《もんがく》の荒行《あらぎょう》

一一八〇（治承《じしょう》四）年八月、伊豆韮山《いずにらやま》で流人《るにん》生活を送っていた源頼朝《みなもとのよりとも》は、ついに平氏打倒の兵をあげた。この決心をかためるのに力があったのは怪僧文覚である。文覚は摂津渡辺党《せっつわたなべとう》の武士遠藤《えんどう》盛遠《もりとお》といったが、出家して文覚と称してのち、高尾神護寺《たかおじんごじ》の再興を後白河《ごしらかわ》法皇に強請《ごうせい》したため、伊豆に流された。しばしば頼朝を訪れた文覚は、ついに懐中から一つの髑髏《どくろ》をだし、「これぞ父君義朝《よしとも》殿の首」だとして頼朝に蜂起《ほうき》を迫ったという。

文覚の出家のいきさつはよくわからない。『平家物語』によると、彼が上西門院《じょうさいもんいん》につかえていたころ、同族の渡辺渡《わたる》の妻、袈裟御前《けさごぜん》に横恋慕《よこれんぼ》した。進退きわまった袈裟は一計を案じ、盛遠に夫の渡を殺すようにしむけ、盛遠がそれを実行すると、じつは夫の身代わりになった袈裟であった。無常を感じた盛遠は発心《ほっしん》して出家したとする。これがどこまで事実なのかは確認できないが、なんらかの恋愛事件にかかわったのかもしれない。

『平家物語』は出家後の文覚のすさまじい修行ぶりを克明に伝える。髻《もとどり》を切った文覚は修行とはなにかを試そうとし、藪《やぶ》のなかで裸《はだか》になり、八日間も毒虫に体を刺させた。ついで熊野《くまの》の那智《なち》滝に

「文覚上人荒行の図」絵馬(成田山霊光館)

こもる。頃は厳冬期。雪は積もり、滝の水は凍っている。滝壺におりた文覚は首まで水につかるが、四、五日して浮きあがると五、六町《ちょう》も流され、かろうじて助けられた。文覚はさらに修行を続けたが三日目に息がたえた。そこへ不動明王《ふどうみょうおう》の八大童子《はちだいどうじ》があらわれて文覚を蘇生《そせい》させた。文覚はなおも修行を続け、ついに二一日の大願《だいがん》を成就《じょうじゅ》すると那智に一〇〇〇日こもった。さらに大峰《おおみね》・葛城《かずらき》・高野《こうや》・立山《たてやま》・羽黒《はぐろ》など各地の修験《しゅげん》の霊山《れいざん》を残らずまわったという。『愚管抄《ぐかんしょう》』はこの文覚を評して「行ハアレド学ハナキ上人也」という。荒法師文覚の生涯は伝説に満ちているが、その後、佐渡《さど》や対馬《つしま》に流され、九州で六五歳の一生をおえたと伝えられる。

熊谷直実《くまがいなおざね》の出家

武蔵《むさし》国熊谷郷の熊谷次郎直実は、源平争乱で武名をあげたが、その出家の動機は、一の谷の戦いでまだ一六歳だった平 敦盛《たいらのあつもり》を討ったことで人生の無常を感じたためだと『平家物語』などで伝えられている。

しかし『吾妻 鏡《あずまかがみ》』の説明はもっと現実的である。一一九二（建久《けんきゅう》三）年十一月二十五日、平泉《ひらいずみ》の中尊寺《ちゅうそんじ》をまねてつくった鎌倉永福寺《ようふくじ》の建立供養《くよう》の日の早朝、直実は叔父の久下直光《くげなおみつ》と将軍頼朝《よりとも》の御前で対決した。直実の熊谷郷と直光の久下郷との年来の境界相論に決着をつけるためである。しかし武勇は一騎当千《いっきとうせん》でも、弁舌は稚拙《ちせつ》な直実は、頼朝のたびたびの問いかけについに怒った。「直光に肩入れする梶原景時《かじわらかげとき》がいろいろ将軍家に言上《ごんじょう》しているのだろうから、直光勝訴はきまっている。このうえは証拠の文書も反古《ほご》同然だ」として座をたち、文書を投げすて、別室へ走ってゆくと、刀をとって髪を切り、そのまま姿を消してしまう。頼朝は再三使いを送って制止したが、直実は京へいき、そのまま法然《ほうねん》の門にはいり法 名《ほうみょう》を蓮 生《れんしょう》と称したという。いかにも直 情径行《ちょくじょうけいこう》、〝一所懸命《いっしょけんめい》〟の鎌倉武士らしい。

蓮生はやがて関東へ戻る。近江《おうみ》から美濃《みの》へこえる山中で二人の賊が蓮生をおそった。蓮生は平然としていった。「路銀でも衣服でもやるけれども、一つだけ聞こう。賊をするのは欲のためか、生きるためか」。賊が飲食もままならぬからだとこたえると蓮生はいった。「それなら私の弟子になれ。そうすれば仏法に守られ、安穏《あんのん》な生活が送れるだろう」と。善心坊《ぜんしんぼう》・法心坊《ほうしんぼう》と名づけられたこの二人が蓮生の最初の弟子であった。

義時《よしとき》と泰時《やすとき》の朝廷観

一二二一（承久《じょうきゅう》三）年五月十五日、後鳥羽上皇《ごとばじょうこう》は北条《ほうじょう》義時追討の命令をだした。ここに討幕をめざす承久《じょうきゅう》の乱《らん》は勃発《ぼっぱつ》した。この知らせに接した幕府は、尼将軍《あましょうぐん》北条政子《まさこ》の切々たる名演説で御家人《ごけにん》の動揺をおさえるとともに、大江広元《おおえのひろもと》や三善康信《みよしやすのぶ》の意見をいれて断然出撃に決した。義時は、「今度のいくさは幕府側に一点の非もない、全力で奮戦せよ」（『増鏡《ますかがみ》』）と激励し、嫡男泰時を東海道軍の総大将とする幕府軍を二十二日に送りだした。

ところが翌日、泰時は単騎で戻ってきた。そして、父の義時に「もし主上《しゅじょう》（後鳥羽上皇）御自身が先頭にたっていたときには、いかがいたしましょうか」と問うた。義時は、「よくぞ気がついた。そのときは御輿《みこし》に弓を引くことはできぬ。鎧《よろい》を脱ぎ、みずからの弓の弦《つる》を切って降参せよ」といった。父の発言に納得するや泰時はとって返し、一九万騎の全軍を率いて圧倒的な勝利をおさめた。

このときから二〇年後の一二四二（仁治《にんじ》三）年正月九日、腕白《わんぱく》ざかりの四条《しじょう》天皇が自分のしかけたいたずらがもとで、わずか一二歳で急死すると皇嗣《こうし》問題がおこった。候補者は、承久の乱で討幕計画に積極的に加担した順徳《じゅんとく》上皇と直接かかわらなかった土御門《つちみかど》上皇のそれぞれの皇子であった。

朝廷内では順徳上皇皇子の忠成王《ただなりおう》を推す意見が強かったので忠成王擁立派の中心九条道家《くじょうみちいえ》は、幕府の意向をうかがう使者を鎌倉に送った。しかし、幕府側の意向は当然、土御門上皇の皇子邦仁王《くにひとおう》であった。

三代目執権《しっけん》として幕政の安定化を実現した泰時は、評定衆《ひょうじょうしゅう》の安達義景《あだちよしかげ》と二階堂行義《にかいどうゆきよし》を幕府の意向を伝える使者として上洛《じょうらく》させた。ところが、安達義景が途中から戻ってきて泰時にたずねた。「もしも忠成王が皇位についていたらいかがいたしましょう」と。これに対して泰時は、「よくぞ気がついた。そのときは皇位からおろしたてまつれ」と、いいきったという。事実、正月二十日に邦仁王が即位して後嵯峨《ごさが》天皇となっている。

これは、承久の乱を乗りきったのちの幕府側の圧倒的優位を示した逸話《いつわ》といえる。ただし、前段の義時の発言は『増鏡』（十四世紀後半の成立）の説で、公家《くげ》側のこうあってほしいという願望を示すもので、そのまま事実とすることはできない。もっとも反撃を決断した幕府や義時も、朝廷の権威におそれの念をもっていたことは否定できまい。

北条泰時《ほうじょうやすとき》の弟思い

北条泰時は、弟妹たちを大切にした。父義時《よしとき》の遺領相続についても、北条政子が泰時に多くの所領を相続させようとしたにもかかわらず、自分よりも多くの土地を弟妹にゆずったことはよく知られている。

一二三一（寛喜《かんぎ》三）年九月のこと、泰時らが幕府で評定《ひょうじょう》をしていると、弟の朝時《ともとき》の邸に賊が侵入したとの緊急の知らせがとびこんできた。泰時は評定を中断して救援にかけつけたが、結局、朝時は他行《たぎょう》していて無事であり、賊もとらえられた。

このことについて泰時の家司《けいし》である平盛綱《たいらのもりつな》は、「重職にあるものは、まず事情を確かめてから動くべきである。今後もこのようなことがあれば乱世の基《もとい》となり、世の謗《そしり》を招くであろう」といって諫《いさ》めた。

それに対して泰時は、「それはもっともであるが、眼前で兄弟が殺されるようでは、人の謗を招かないということがあろうか。他人にとっては小事であろうが、兄としては和田《わだ》の乱《らん》や承久《じょうきゅう》の乱と同じである」とこたえた。これをそばで聞いていた有力御家人《ごけにん》の三浦義村《みうらよしむら》は、感動のあまり涙をこぼした。そして北条政子《まさこ》の御所《ごしょ》にいって人びとにこのことを話した。

これを伝え聞いた当の朝時は、子孫に至るまで泰時の子孫に対し無二の忠節をつくすべきことを起請文《きしょうもん》に書き、一通を鶴岡八幡宮《つるがおかはちまんぐう》におさめ、もう一通を家にそなえて忘れないようにしたという。

泰時の弟妹に対する愛情の深いことは、かくのごとくであった。しかし皮肉なことに、のちに一二四六（寛元《かんげん》四）年、朝時の子である光時《みつとき》が、泰時の孫である執権時頼《ときより》に対し謀叛《むほん》を企てて失敗し、伊豆《いず》に流されるという事件がおきる。朝時の誓約は、あまりききめがなかったのである。

北条時頼《ほうじょうときより》の廻国《かいこく》伝説

五代執権《しっけん》北条時頼は有能な政治家として知られている。二〇歳の若さで執権になると、さまざまの策を用いて権力をかため、得宗《とくそう》専制の道を開く一方、御家人《ごけにん》の意思をくみあげ、負担の軽減をはかるなどした。執権職をしりぞいたのは三〇歳、そして出家《しゅっけ》して七年後に病死している。時頼は、人間的にも評判がいい。『徒然草《つれづれぐさ》』には、台所の片隅に残っていた味噌《みそ》を肴《さかな》に、大仏宣時《おさらぎのぶとき》と一晩、酒を飲みあかしたという話や、時頼の母、松下禅尼《まつしたぜんに》が、みずから障子の切り貼りをして倹約の尊さを説いたという話などがのせられており、質実剛健《しつじつごうけん》な鎌倉武士というイメージを色濃くみせている。

この時頼が出家して最明寺入道《さいみょうじにゅうどう》となると、ひそかに諸国を巡ったといわれている。南北朝《なんぼくちょう》時代に編まれた『増鏡《ますかがみ》』や『太平記《たいへいき》』にはそのときの話がのせられている。あるとき、摂津《せっつ》国難波《なにわ》に着き、とある家に立ち寄った。軒《のき》も傾き、雨も洩《も》りそうなみすぼらしいあばら家である。応対する尼《あま》に無理にたのみこんで一泊したが、翌朝、粗末な膳《ぜん》もだされた。様子をたずねる入道に尼は涙ぐんでこたえる。聞けば夫や子にさきだたれたうえ、代々の所領《しょりょう》も、この地の地頭《じとう》に押領《おうりょう》されたが、金も力もないままに鎌倉に訴えることもできないという。辞去するにあたって入道は、卓上の位牌《いはい》の裏に一首の歌を記したが、鎌倉へ戻ったのちに尼を召しだし、本領を取り戻したうえ、地頭も厳しく処分したと伝える。

どこかで聞いたような話だと思われることだろう。そのとおり、これは室町時代につくられた謡《よう》曲《きょく》『鉢《はち》の木《き》』の原型である。摂津国を上野国《こうずけ》佐野《さの》に、尼を御家人佐野源左衛門常世《げんざえもんつねよ》に、朝の膳を秘蔵の鉢の木を薪《たきぎ》にしたことに、そして本領の返還を、松・梅・桜の文字のつく三カ所の荘園《しょうえん》にかえればよいのである。

じつのところ時頼廻国の事実は『吾妻鏡《あずまかがみ》』にはまったく記されておらず、確証できない。佐野常世なる人物も架空の存在だ。おそらく名執権時頼のイメージが、廻国伝説を生み、おもに全国を巡行していた時衆《じしゅう》たちの手によって語り伝えられていたのであろうと思われる。

青砥藤綱《あおとふじつな》

道理を聞くと涙を流して喜んだのは北条泰時《ほうじょうやすとき》であったが、評定衆《ひょうじょうしゅう》として北条時頼《ときより》につかえた青砥藤綱も、同様な廉直《れんちょく》の士であった。彼は数十の所領を知行《ちぎょう》していてもおごることなく、私事には質素でも公儀のことには財を惜しまなかった。また貧しいものには慈悲深く、菩薩《ぼさつ》のごとくであった。時頼に政道について意見を求められると、思うところをいわないのはかえって不忠になるとして、涙を流しながら率直に非を指摘する。彼は政道の乱れの根本的原因は「上下の遠きこと」にあるといったが、謡曲《ようきょく》『鉢《はち》の木《き》』で知られる時頼の諸国巡行は、上はまず下の実情を知れという藤綱の意見によるものといわれる。

『太平記《たいへいき》』には、その廉直ぶりを示す逸話《いつわ》が二つのせられている。あるとき得宗《とくそう》領で、執権《しっけん》と公《く》文《もん》（下級役人）とが訴訟をおこして対立した。理はあきらかに公文にあるのだが、引付衆《ひきつけしゅう》も評定衆も執権をはばかって公文の敗訴とした。しかし藤綱ひとりが道理を申したてて、ついに執権の敗訴としたことがあった。のちにその公文が銭三〇〇貫《かん》を礼としてもってきたとき、藤綱は激怒して追い返したという。

またある晩、鎌倉市中の滑川《なめりかわ》に銭一〇文《もん》をおとしてしまったが、松明《たいまつ》一〇把《ぱ》を五〇文で買ってこさせ、銭を探しだした。人びとはこれをあざ笑ったが、藤綱は「一〇文は今探さなければついになくなってしまう。しかし松明代の五〇文は商家にとどまっているのであって、失ったわけではない。六〇文を失わなかったのは天下の利ではないか」とこたえた。滑川の河床はきめの細かい凝《ぎょう》灰岩《かいがん》で、その名のごとくつるつるしており、砂利一つない。これなら銭をおとしてもなんとか探せそうである。

藤綱の名は『吾妻鏡《あずまかがみ》』にはみあたらず、その実在も疑わしい。しかし道義的執権政治の理想や銭の流通という視点からみれば、鎌倉時代ならではの逸話である。

北条《ほうじょう》時宗《ときむね》の人がら

二〇〇一（平成十三）年のNHK大河ドラマで、執権《しっけん》北条時宗の名は広く知れわたったが、ドラマの時宗は、兄との確執《かくしつ》とモンゴル軍の来襲《らいしゅう》とに悩まされ続けた多感な青年として描かれた。彼

鎌倉の町をゆく北条時宗(『一遍上人絵伝』)

の人がらに関する二つの逸話を取りあげてみよう。

一二六一（弘長《こうちょう》元）年春、時宗は一一歳であった。執権長時《ながとき》の父、北条重時《しげとき》は極楽寺《ごくらくじ》の邸に将軍宗尊《むねたか》親王や前執権時頼《ときより》らを招いて笠懸《かさがけ》を行った。おわって将軍は小笠懸《おかさがけ》をみたいという。しかし、むずかしい射技だけにだれも名乗りでない。そのとき、時頼は少年時宗を推薦し、召に応じて時宗は急ぎかけつけた。衆人環視のなかで時宗は鬼鴾毛《おにときげ》という馬に乗り、射場へでた。ところがこの馬は小笠懸にはなれておらず、的《まと》の前をかけぬけようとした。手綱《たづな》を引こうとした時宗だったが、「そのまま」とさけぶ時頼の声に応じ、矢を放った。矢はみごと的に命中、くだけた的がとびちった。諸人は歓呼し、将軍も感じいったが、時宗はそのまま馬をかって自邸へかけ戻った。『吾妻鏡《あずまかがみ》』のこの記事について、江戸後期の儒学者頼山陽《らいさんよう》は『日本外史《にほんがいし》』で「人と為《な》り強毅《きょうき》にして撓《たわ》まず」と評している。

政治家時宗については、江戸前期の『北条九代記《くだいき》』につぎのような話がのせられている。一二六五（文永二）年、一五歳の時宗は連署《れんしょ》の職にあった。鎌倉山内《やまのうち》の山荘で、大屋二郎《おおやじろう》と笠木平内《かさぎへいない》が口論のすえ、刀をぬいて斬《き》りあい、郎等《ろうどう》どもも加わって大騒ぎになり、両名は死んだ。事件を聞いた時宗はおおいに怒った。「両名ともいざというときにそなえて武芸を磨いていたはずだ。ところが最近はぜいたくになり、欲もでて、奉公もなおざりになっていた。そもそも領地をあたえられるのは、国家の大事にそなえるためなのに、私的な争いで死ぬとは不忠不義のきわみ、大盗賊の張本人だともいえる」。時宗は両家とも他国追放の処分にでた。『北条九代記』は、儒教思想による善政を重視する立場にたってまとめているから、少し割り引いて考えても、真剣な時宗の政治姿勢がわかるようである。

恩賞を直訴《じきそ》した竹崎季長《たけざきすえなが》

宮内庁《くないちょう》三の丸尚蔵館《まるしょうぞうかん》に国宝級の名品『蒙古襲来絵巻《もうこしゅうらいえまき》（絵詞《えことば》）』全二巻がある。文永《ぶんえい》・弘安《こうあん》の二度にわたるモンゴル軍の来襲の際に出陣《しゅつじん》・奮戦《ふんせん》した肥後《ひご》国の御家人《ごけにん》竹崎五郎兵衛尉《ごろうびょうえのじょう》季長を主人公とする合戦《かっせん》絵巻で、戦闘の模様を知りうる史料としても価値が高い。

竹崎季長は肥後国竹崎郷の御家人であった。一二七四（文永十一）年十月、モンゴルの軍は博多《はかた》

安達泰盛（左）と竹崎季長（『蒙古襲来絵巻』）

湾に迫り、一隊は箱崎《はこざき》から博多をおそい、一隊はそれより西の麁原《そはら》の海岸に上陸して赤坂《あかさか》に侵入した。主将少弐景《しょうにかげ》資《すけ》は季長に赤坂への出撃を命じ、季長はわずか四騎の郎等《ろうどう》を率いて出発する。ときに季長、二九歳であった。

赤坂へむかう途中、季長は肥後の御家人菊池武房《きくちたけふさ》が敵の首をとって帰陣するのにあい、勇気百倍して敵陣へむかった。麁原に陣どるモンゴル軍は集団をつくっていた。季長は郎等に下知《げち》をする。「弓箭《きゅうせん》の道は先を以て常《しょう》とす。ただ駆けよ」と。少人数の襲撃とみたモンゴル軍は毒矢を射かけ、新兵器「てつはう」を放って迎え撃ち、季長は馬を射られて苦戦し、味方の来援によってあやうく死地を脱した。

モンゴル軍が大風雨によって引きあげたのち、論功行《ろんこうこう》賞《しょう》が行われたが、季長の先駆けの功は鎌倉に注進《ちゅうしん》されなかった。不満に思った季長は翌一二七五（建治《けんじ》元）年、馬・鞍《くら》を売って旅費をつくり、みずから鎌倉に下向《げこう》した。二カ月をかけて鎌倉に着いた季長は、やっとのことで恩沢奉行《おんたくぶぎょう》の安達泰盛《あだちやすもり》に直訴《じきそ》した。くわしい聞きとりが行われたのち、泰盛は季長に下文《くだしぶみ》をあたえた。竹崎郷に近い肥後国海東《かいとう》郡の地頭《じとう》に任じられたのである。

感激した季長は続く弘安の役《えき》（一二八一年）にも出陣し、武功《ぶこう》をあげた。そして一二九三（永仁《えいにん》元）年、季長は泰盛と神への感謝の念をこめ、合戦のありさまと鎌倉下向の状況を絵師《えし》に描かせ、これを海東郡の甲佐大明神《こうさだいみょうじん》に奉納《ほうのう》した。

季長の先駆けや直訴の行動は、現代人の目からみればいろいろ批判することもできよう。しかし、「一所懸命《いっしょけんめい》の地」（『続日本史こぼれ話』所収）を求めて生きる鎌倉武士としてはいかにも武人らしい当然の行動であったといえよう。

11　鎌倉文化

永福寺《ようふくじ》の建立

鎌倉市二階堂《にかいどう》の地に国指定史跡の永福寺跡がある。ここは、かつて源頼朝《みなもとのよりとも》が平泉《ひらいずみ》の中尊寺《ちゅうそんじ》でみた二階大堂大長寿院《だいちょうじゅいん》の壮麗さに感嘆し、それを模して源義経《よしつね》や藤原泰衡《ふじわらのやすひら》らの鎮魂のために建立した永福寺の跡である。

一一九二（建久《けんきゅう》三）年正月、御堂の建設地で工事がはじまった。八月には二階堂の前に広がる池に数十の巌石《がんせき》をたてさせることになった。九月十一日、頼朝はみずから池の工事を検分《けんぶん》したが、池のなかに沼石《ぬまいし》・形石《かたいし》という三メートル余の巨岩をたてるとき、随従していた畠山重忠《はたけやましげただ》がひとりで池の中心まで運んだ。とにかく重忠は、大力無双《だいりきむそう》の坂東武者《ばんどうむしゃ》として知られていたからである。十月には建物の仕上げにかかる。二階堂の惣門《そうもん》をたて、堂の扉や内部の後壁に仏画を描くが、それは藤原秀衡《ひでひら》が建立した円隆寺《えんりゅうじ》（現毛越寺《もうつうじ》内）に模したものだった。十一月にはふたたび重忠ら三人の御家人《ごけにん》に命じて池中に奇石をすえた。功成った二階堂は「絶妙で比類なく、まるで西方浄土《さいほうじょうど》の荘厳さを鎌倉へ移したようだ」と評された。十二月五日、永福寺落慶供養《らっけいくよう》が盛大に行われ、集まった人びとはなかなか去らなかったという。

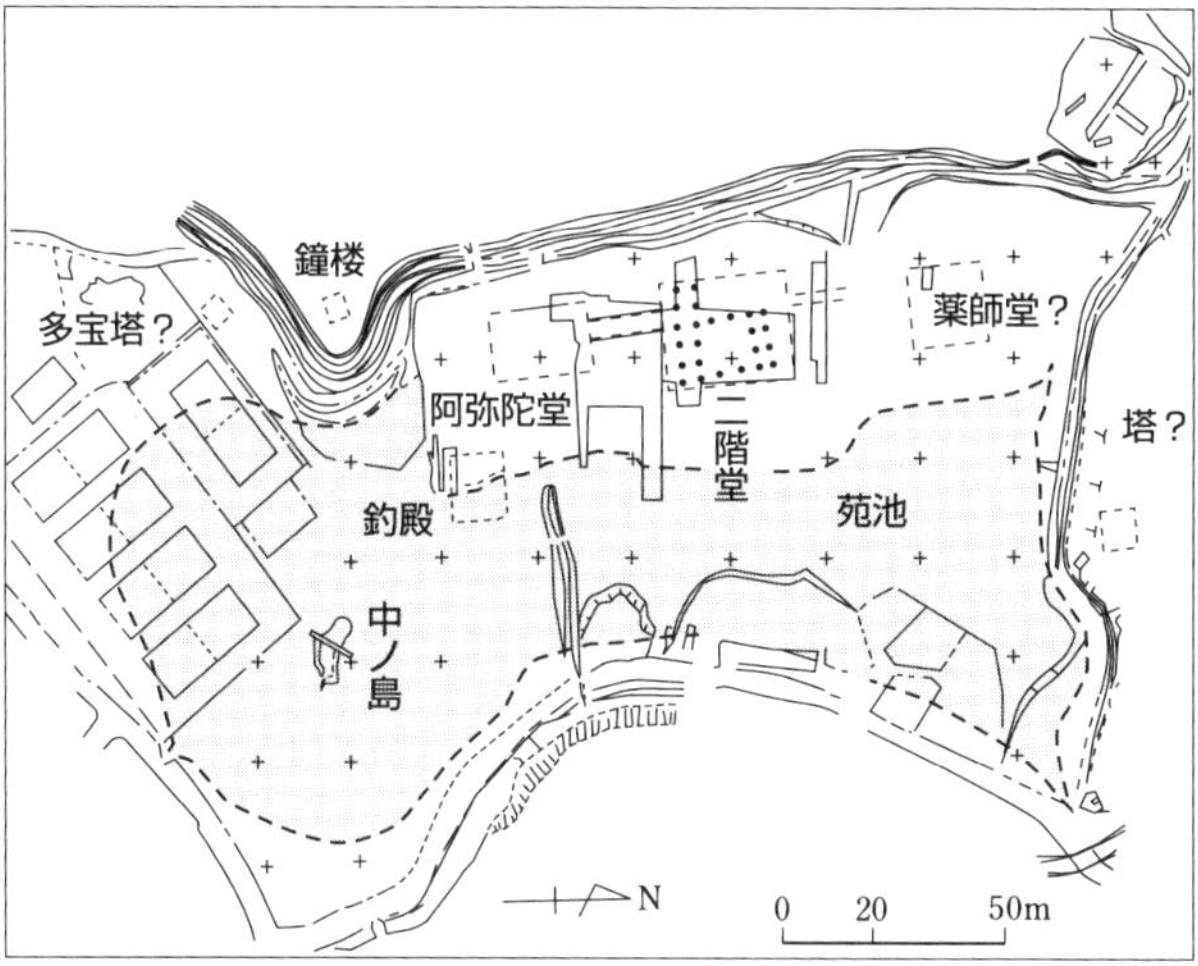

永福寺遺構推定図（大三輪龍彦『鎌倉の考古学』による）

永福寺は室町時代に廃絶した。一九八一（昭和五十六）年から跡地の発掘調査がはじまり、八三・八四年度には大堂周辺が調査された。寺地は小高い地にあり、西側の山裾《やますそ》に、山を背おう形で間口二〇メートル、奥行一八メートルもある重層・瓦葺《かわらぶき》の二階堂がたち、その左に阿《あ》弥陀堂《みだどう》、右に薬師堂《やくしどう》があって三堂が翼廊《よくろう》でつながっていたことがわかった。三堂の前には南北二二〇メートルにもおよぶ苑池《えんち》が東西に広がっている。それはまさしく、宇治《うじ》の平等院《びょうどういん》や毛越寺の配置に似たみごとな浄土庭園であった。

鎌倉幕府の入浴サービス

だれもが毎日ふつうに入浴する今日、入浴サービスは、要介護者などに福祉として行われている。この入浴サービスの歴史はたいへん古い。しかしそれは「施浴《せよく》」と称される信仰的な行為であって、今日の福祉的な入浴サービスとは少々異なっていた。

その典型は、光明皇后《こうみょうこうごう》の施浴伝説である。皇后はあるとき、一〇〇〇人の垢《あか》を洗い流すという願《がん》をたて、九九九人に入浴をほどこした。ところが満願《まんがん》となる最後のひとりがハンセン病の患者であったため、皇后も一瞬たじろいだ。しかし、皇后は少しもいとわずその垢を流しおわると、その病人はたちまちにして光を放ち、馥郁《ふくいく》とした香りが浴室に満ちた。病人は阿閦如来《あしゅくにょらい》の化身《けしん》だったのである。喜んだ皇后は、その地に阿閦寺を建立したというのである。

光明皇后は悲田院《ひでんいん》や施薬院《せやくいん》を設けて貧窮民の救済につとめたから、この伝承に近いことがあったのは確かであろう。この伝承は多少の異説をまじえながら鎌倉時代に伝えられ、施浴によって功徳《くどく》を積もうとする行為の信仰的背景となった。

たとえば『吾妻鏡《あずまかがみ》』によれば、一一九二（建久《けんきゅう》三）年三月、後白河《ごしらかわ》法皇が崩御《ほうぎょ》すると、源頼朝《みなもとのよりとも》はその追福供養《ついふくくよう》のため、一〇〇日間の施浴を行った。鎌倉の往来に近く「温室《おんしつ》」とよばれた浴室を設け、路頭に札をたてて、通行する「土民《どみん》」に至るまで自由に浴させた。そのために一〇〇人の当番まで決めたというから、相当に規模の大きな施浴であったらしい。

同じく『吾妻鏡』には、北条泰時《ほうじょうやすとき》の施浴が記録されている。泰時はその伯母政子《まさこ》を敬慕し、その追福供養をおこたらなかった。一二三九（暦仁《りゃくにん》二）年五月、政子の供養のため、法華堂《ほっけどう》のかたわらに「温室」をたて〈これより四年早い一二三五〈文暦《ぶんりゃく》二〉年九月、「法華堂前湯屋失火」の記事もある〉、毎月六斎日《ろくさいにち》〈八・十四・十五・二十三・二十九・三十日〉、僧侶《そうりょ》に入浴をさせた。そして置文《おきぶみ》を定めていうには、「心あらむ輩《ともがら》、誰か〈政子の〉恩の誠を知らざらんや」と。そして御家人《ごけにん》に対して薪代《まき》を上納するように命じている。

泰時は光明皇后のように情の深い人であったから、個人の性格によるところもあったであろうが、入浴サービス、すなわち「施浴」の動機は福祉や娯楽ではなく、このようにあくまでも信仰的なものだったのである。

●風呂●

風呂の語が「ムロ〈室〉」に由来するように、日本の風呂は古くは蒸風呂《むし》〈蒸気浴《じょうきよく》〉が主流で、発汗目的の医療施設として寺院などにつくられた。この寺院の風呂は現在でも各地に残る石風呂・カマ風呂に残されている。

温湯浴には別に沸かした湯を湯槽《ゆぶね》にいれる方式の湯屋がたてられ、用いられた。これが近世後期から主流となる。庶民は行水《ぎょうずい》や銭湯《せんとう》にいったりしたが、自家に風呂をつくる据風呂《すえ》もしだいにおこってきた。しかしこれが一般化するのは一九五〇年代後半からである。なお、農家の風呂が戸外の厩《うまや》や便所の近くにつくられたのは、残り湯を堆肥《たいひ》用に使うためである。

施浴が今日のような湯浴であったか、蒸風呂であったかは不明であるが、当時は両方ともに行われていた。

和歌の通信添削《てんさく》

一二歳で将軍となった孤独の将軍　源実朝《みなもとのさねとも》の心を慰めたのは、和歌であった。一四歳のときに一二首をよんだことが幕府の公式記録である『吾妻鏡《あずまかがみ》』に記されているが、記録上ではこれが詠《えい》歌《か》の最初である。京から遠い鎌倉では、なにより欲しいものは歌の指導者とテキストである。同年、実朝は藤原定家《ふじわらのていか》から『新古今和歌集《しんこきんわかしゅう》』を贈られているが、むさぼるように読んだに違いない。

一二〇九（承元《じょうげん》三）年、一八歳の実朝は初学以来の作のなかから三〇首を選んで定家に送り、合《がっ》点《てん》をつけるようたのんだ。合点とは、よい歌につける鉤形《かぎがた》の印《しるし》のことで、要するに自詠の批評をたのんだのである。現代的には通信添削とでもいえようか。それに対して定家は、『詠歌口伝《くでん》』一巻をそえて返進している。これは一般的には『近代秀歌』とよばれる歌論書《かろんしょ》で、歌のよみ方を問う実朝にこたえたものである。

その後も和歌についての二人の交渉は続き、『吾妻鏡』や定家の日記である『明月記《めいげつき》』には、「和歌の文書」のやりとりをした記録が散見する。

一二一三（建暦《けんりゃく》三）年十一月二十三日、二二歳の実朝は、「相伝《そうでん》する所の秘蔵の万葉集」を定家から贈られた。『吾妻鏡』は実朝の喜びを、「御賞翫《ごしょうがん》他なし。重宝何物かこれに過ぎんやの由《よし》、仰《おお》せあり」と記している。

実朝はよほどうれしかったのであろう。そのわずか一カ月後の十二月十八日の日付けのある自撰《じせん》の家集を定家に贈っている。『万葉集』を贈られたことの感謝と、歌道研鑽《けんさん》の成果を、師の定家にみてもらいたいという心のあらわれであろう。

実朝のこの家集こそは『金槐和歌集《きんかいわかしゅう》』である。もちろんその呼称は実朝の死後につけられたもの

●金槐和歌集●

一般に、書名は序文などからその書物の内容をあらわすような語を選んでつけることが多い。たとえば吉田兼好《よしだけんこう》の『徒然草《つれづれぐさ》』は、第一段にある「つれづれなるままに、日ぐらし硯《すずり》に向かひて」から、西行《さいぎょう》の『山家集《さんかしゅう》』は、序文のなかの「遁世《とんせい》の後、山家に詠み侍《はべ》りける」から書名が生まれている。

『金槐集』はこれとは違って作家を示す語で、金は鎌倉、槐は槐門《かいもん》を意味している。槐は中国の周《しゅう》の朝廷で、槐（えんじゅ）の木を三本植え、太政大臣《だいじょうだいじん》、左右大臣がこれにむかってすわったことから「大臣」の異称となった。御家人《ごけにん》を統率する鎌倉殿《かまくらどの》の実朝《さねとも》は、右大臣になったから金槐＝鎌倉右大臣とよんだのである。

で、実朝の命名ではない。実朝は二八歳で殺されるが、定家は第九番目の勅撰集《ちょくせんしゅう》である『新勅撰和歌集』に実朝の歌を二五首もいれ、その歌を高く評価したのであった。

道元《どうげん》の大恩人

一二二三（貞応《じょうおう》二）年、二四歳の道元は法を求めて宋《そう》の明州《めいしゅう》（寧波《ニンポー》）に着いた。そこへ五山《ござん》の一つである阿育王山広利寺《あいくおうさんこうりじ》の六一歳の老僧が、精進《しょうじん》料理の調味料として日本産の椎茸《しいたけ》を買いに約二〇キロの行程を歩いて道元の船までやってきた。彼は寺の典座《てんぞ》（炊事《すいじ》をつかさどる役）であるという。

道元はよい結縁《けちえん》とばかり、一夜語りあいたいというと、典座は明日の供養の調理のため、すぐに帰らねばならないという。そこで道元は「阿育王山ほどの名刹《めいさつ》であれば、ほかに調理する人がいないわけでもありますまい」というと、「老年になってやっとこの役をつとめることになったので、これを最後の弁道《べんどう》（仏道の修行にはげむこと）と心得ているから、他人にまかせるわけにはいかぬ」という。そこで道元は「貴僧はずいぶんと御高齢であるが、それなら静かに坐禅《ざぜん》をして修行に専念されたらよいものを。なぜ典座のようなわずらわしい役をつとめておられるのですか」とたたみかけた。

それを聞いた典座は呵々《かか》と笑っていった。「お若いの、あなたはまだ弁道や文字のなにたるかをわかっていない」。

道元はこの言葉を聞き、おどろき恥じいって問い返した。「文字とは、弁道とはいかなるものでしょうか」。しかしそれに対して老典座は、「問うているその脚下《きゃっか》をふみはずさなかったならば、その人はまさに真実の学人でありましょう」とこたえたが、道元にはその意味を理解することができなかった。そして老典座は、「いつか阿育王山にきて修行するがよい」とだけいって帰ってしまった。炊事に専念することが、すなわち修行であるということが、まだ道元には理解できなかったのである。後日、道元が天童山景徳《けいとく》寺で修行しているとき、それをききつけたかの老典座がわざわざ会いにやってきた。道元は躍りあがって喜び感激し、船中での問答についてあらためて問いただしたのであった。

入宋早々のこの体験は、道元の生涯における大転機となった。彼はのちに、「山僧《さんそう》（道元自身のこと）聊《いささ》か文字を知り弁道を了ずることは、乃《すなわ》ち彼の典座の大恩なり」と述懐している。

耳を切った明恵《みょうえ》上人《しょうにん》

栂尾高山寺《とがのおこうざんじ》の明恵房高弁《こうべん》は、一生を仏道精進《しょうじん》にささげ、上人と敬われた。紀伊《きい》国出身の明恵は、九歳で高尾《たかお》の神護寺《じんごじ》にはいり、一六歳で出家、一九歳で華厳《けごん》の教学と真言《しんごん》密教とに没入した。しかし、一一九五（建久《けんきゅう》六）年、二三歳のとき、高尾を去って紀伊国湯浅《ゆあさ》の白上峰《しらがみのみね》にこもった。山上の大磐石《ばんじゃく》のうえに草庵をかまえた明恵は修行にはげみ、翌年、みずから刀をとって右の耳を切った。鮮血は本尊釈迦如来像《しゃかにょらい》にも飛び散る。いったい明恵はなぜ耳を切るという挙にでたのだろうか。

『明恵上人行状《ぎょうじょう》』には「いよいよ形をやつして人間を辞し、志を堅くして如来のあとを踏まむことを思ふ」と記されている。つまり明恵は捨身《しゃしん》の願いから耳を切り、人との交わりも断つことを宣言し、ひたすらに釈尊の追体験を期したのである。のちにつくられた上人像には右耳の上部が少し欠けているだけだから、耳をすっぱり切りとったわけではないが、明恵の仏道精進宣言だったといえよう。『夢記《ゆめのき》』によると、その夜、明恵の夢のなかに金色にかがやく文殊菩薩《もんじゅぼさつ》が出現したという。

栂尾高山寺を開いたのは明恵三四歳のときであった。『明恵上人伝』には、ある人が上人の好物は松茸《まつたけ》だと聞き、種々奔走《ほんそう》して松茸を馳走《ちそう》したところ、これを聞いた上人はそういわれること自体が浅ましいと反省し、以後口にしなかったとの話があり、明恵の真剣な生活態度が読みとれる。弟子が筆録した『明恵上人遺訓《いくん》』には、明恵が「人は阿留可幾夜宇和《あるべきやうわ》と云ふ七文字をもつべきなり」と説いたと記している。僧は僧、俗は俗、それぞれの分に応じて全力をつくせというのだが、明恵はこの人生訓を身をもって実践したといえる。

法悦《ほうえつ》に踊る一遍《いっぺん》

各地の時宗《じしゅう》寺院などに一遍上人《しょうにん》像がある。おもしろいことに、そのどれもがふつうの祖師《そし》像と違って合掌《がっしょう》した立像《りつぞう》である。捨聖《すてひじり》、遊行《ゆぎょう》上人などの称をもつ一遍は、生涯を旅にすごし、遊行と

京都での念仏踊の情景（『一遍上人絵伝』）

賦算《ふさん》（六字名号《ろくじみょうごう》を記したお札くばり）、それに踊念仏《おどりねんぶつ》をして歩いたが、まさにそれにふさわしい姿だといえる。

一二七九（弘安《こうあん》二）年の秋、京から信濃《しなの》の善光寺《ぜんこうじ》へむかう一遍は小田切《おだぎり》の里のある武士の館《やかた》で初めて踊念仏を行った。道俗多数の人びとが集まり、ありあわせの品物をたたいて打ちならし、手拍子《てびょうし》・足拍子をとって無我の境地で踊りだした。これより各地で踊り屋をつくっては一遍みずからが主導して踊念仏が行われる。藤沢《ふじさわ》の清浄光寺《しょうじょうこうじ》で現在も行われている秋の薄《すすき》念仏もその流れをくむものである。

ではなぜ踊るのか。『一遍上人絵伝《えでん》』はつぎのように語る。延暦寺《えんりゃくじ》東塔《とうとう》の天台《てんだい》僧重豪《ちょうごう》は、一遍のあとを追い、近江国《おうみ》守山《もりやま》の閻魔堂《えんまどう》で一遍に問いかけた。「あなたはなぜ踊りながら念仏をなさるのか」と。一遍は歌で返した。「跳《は》ねば跳ねよ、踊らば踊れ、春駒《はるこま》の法《のり》の道をば知る人ぞ知る」。重豪はさらに問うた。「心駒《こころこま》、のり鎮《しず》めたるものならば、さのみはかくや踊り跳ぬべき」。本当に法を体得したのならどうしてこんなに踊るのかと問うたのである。一遍はさらに答えた。「とも跳ねよ、かくても踊れ心駒、弥陀《みだ》の御法《みのり》と聞くぞ嬉《うれ》しき」。理屈ではないのだ。弥陀の教えを聞けば法悦《ほうえつ》のあまり、おのずと身体が踊りだすのだというのである。徹底した信心に感動した重豪は、発心《ほっしん》して念仏行者《ぎょうじゃ》になったと伝えられている。前頁の絵をみよう。京都七条大路の東の市に踊り屋をたてた一遍が時衆《じしゅう》とともに踊っている。正面中央の人物が一遍で、まさに無我の境地である。

12　南北朝から室町へ

楠木正成《くすのきまさしげ》未来を知る？

一三三二（元弘《げんこう》二）年、後醍醐《ごだいご》天皇が隠岐《おき》に流され、討幕挙兵《とうばくきょへい》も失敗かと思われていたころのことである。『太平記《たいへいき》』によれば、楠木正成は難波《なにわ》の四天王寺《してんのうじ》に詣で、聖徳太子《しょうとくたいし》が未来を予見した秘書と伝えられる『未来記《みらいき》』をみせてもらった。するとそのなかに、じつに不思議な一条の文があった。曰《いわ》く、「人王九十五代に当り、天下一度《ひとたび》乱れて主安《やす》からず、此の時東魚来りて四海を呑《の》む。日西天《せいてん》に没すること三百七十余箇日、西鳥来りて東魚を喰《くら》ふ」。

正成がこの文を思案するに、「人王九十五代」とは後醍醐天皇のこと、「天下……安からず」とは、まさに現在の争乱のこと。「東魚」とは北条《ほうじょう》一門の鎌倉幕府、「西鳥」とは幕府を滅ぼすもののこと。「日西天……余箇日」とは、天皇が隠岐に配流《はいる》されても還幸《かんこう》してふたたび皇位に復することを意味するという。これを読んだ正成は、さきをみとおすことができてたいへん喜んだ。みずからを「西鳥」になぞらえたというのであろうか。

ただしこの『未来記』にはつぎのような続きがある。「其《そ》の後海内一に帰すること三年。獼猴《みこう》の如き者天下を掠《かす》むること三十余年、大凶変じて一元に帰すと云々」。「三年」は建武の新政の期間、

「獼猴（大猿）の如き者」は足利尊氏《あしかがたかうじ》、「一元に帰す」とは南北朝の合一のことであろう。正成がそこまで理解したかどうかについては、『太平記』はなにも語らない。

もちろん『未来記』は聖徳太子の著作ではなく、正成が披見《ひけん》したというのも疑わしい。ただ『日本書紀』に聖徳太子は「壮に及んで未然を知る」とたたえられたことから、太子に仮託《かたく》して多くの未来記がつくられた。聖徳太子が建立した四天王寺にもその一つが伝えられていたことは事実である。また北畠親房《きたばたけちかふさ》が『未来記』をみて、「凶徒《きょうと》の滅亡疑ふ所無し」と確信したように、『未来記』が吉野《よしの》方の行動決定に影響をあたえたことも確かである。

正成の『未来記』披見は、実際のところは『太平記』の作者が、聖徳太子の権威によって吉野方の正統性を主張しようとしたものであろう。

大塔宮《おおとうのみや》の死

鎌倉市二階堂《にかいどう》に鎌倉宮《ぐう》がある。地元では大塔宮《だいとうのみや》ともよぶが、一八六九（明治二）年に後醍醐《ごだいご》天皇の皇子護良親王《もりよししんのう》をまつった神社である。境内《けいだい》の一画に親王が幽閉され、暗殺されたところという土《つち》牢《ろう》がある。建武《けんむ》の新政《しんせい》で征夷大将軍《せいいたいしょうぐん》にも任じられた親王が、どうしてこういうところで死を迎えなければならなかったのだろうか。

護良親王は足利尊氏《あしかがたかうじ》に激しい敵愾心《てきがいしん》をもっていた。天皇の意に反して征夷大将軍になることを強

大塔宮（神奈川県鎌倉市）

くのぞみ、天皇はやむなくこれを認めた。しかし天皇もまた自己中心的専制君主であり、わずか三カ月で将軍職を解任した。相互不信はかなりのものだったらしい。

注目されるのは『太平記《たいへいき》』の記述が親王に好意的でないことである。「宮は自分の思うがままにぜいたくをきわめ、淫楽《いんらく》にふけった。弓や刀の使い手を多くかかえたが、彼らは毎夜のように洛中《らくちゅう》で辻斬《つじぎ》りをし、子どもたちまで殺された。これも尊氏を討たんがために武力を強めた結果である。これほど尊氏を憎むのは、尊氏が六波羅《ろくはら》を攻略した際、掠奪者《りゃくだつしゃ》を二十余人処刑し、大塔宮の手のものだと高札《こうさつ》に書いたりしたので憤激したのだ」などと記している。どうやら親王自体、その資質に問題があり、私的な権力欲の強い人物だったらしい。

一三三四（建武《けんむ》元）年十月、天皇は親王を宮中《きゅうちゅう》でとらえ、流罪《るざい》と決して足利直義《ただよし》にあずけた。尊氏打倒のため、親王が諸国へ下した令旨《りょうじ》を証拠として、親王謀叛《むほん》と尊氏が告発したからである。翌年五月、鎌倉へ流された親王は、直義によって「二階堂ノ谷《やつ》ニ土籠《つちのろう》ヲ塗《ぬっ》テ」幽閉《ゆうへい》されたという。どうやらこの地の東光寺《とうこうじ》の座敷牢におしこめられたようだ。

七月になって北条時行《ほうじょうときゆき》が兵をおこして鎌倉に迫った。このとき直義は鎌倉から去るにあたり、家人《けにん》の淵辺義博《ふちべよしひろ》に親王暗殺を命じた。暗夜、読経《どきょう》していた親王は淵辺におそわれ首をとられた。無念の最期《さいご》の表情に淵辺は思わず首を藪《やぶ》のなかに投げすてたという。現在、鎌倉宮の東の山中に親王の墓がある。

新田義貞《にったよしさだ》の稲村ケ崎《いなむらがさき》徒渉《としょう》

一三三三（元弘《げんこう》三）年五月十八日、新田義貞の大軍は、極楽寺《ごくらくじ》坂・巨福呂《こぶくろ》坂・化粧《けわい》坂から鎌倉に進入しようとしてはばまれた。そこで二十一日夜、稲村ケ崎から海岸づたいに進入し、ついに幕府を滅ぼした。

『太平記《たいへいき》』によれば、稲村ケ崎徒渉の際、義貞が黄金造《こがねづくり》の太刀《たち》を海に投げいれて竜神《りゅうじん》に祈願すると、潮が引いて干潟《ひがた》があらわれたので、一気に市中に突入したことになっている。太刀流しの演出はともかく、実際にはどうだったのであろうか。

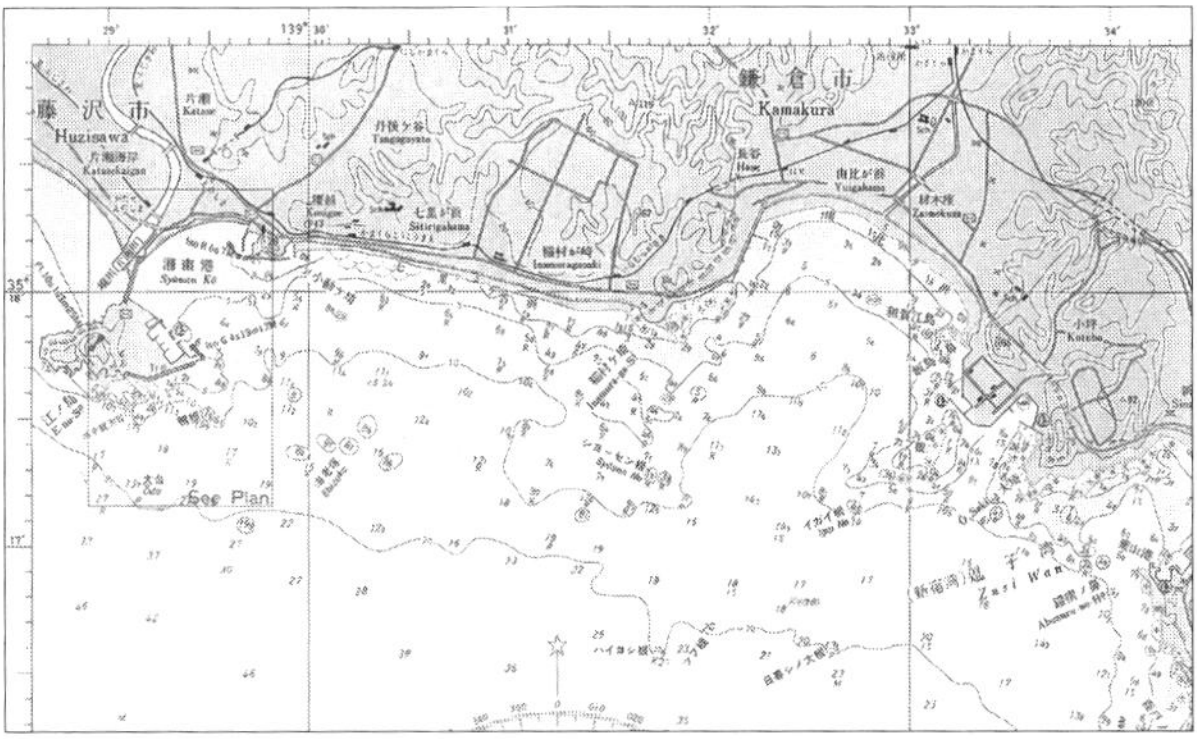

稲村ケ崎付近の海図

東京天文台の小川清彦の研究によれば、大潮《おおしお》であったのは五月十五日で、義貞はその日は分倍河原《ぶばいがわら》にいた。二十一日夜半すぎで潮が引くのは二十二日午前六時で、それも平均水位より二〇センチ低くなるだけであるという。『梅松論《ばいしょうろん》』には、「稲村崎の浪打《なみうち》ぎは石たかく道ほそくして、軍勢の通路難儀《なんぎ》のところに」と記されているところをみると、水位によってはかろうじてひとりが歩ける程度の道があったようである。二〇センチ潮が引いたとしても、辺りは岩礁《がんしょう》が多かったであろうから、すべりやすい岩を踏みしめ水につかりながら、慎重に渡ったというのが実際であったと思われる。

関東大震災でもそうであったように、一帯はその後の地震でいくたびか隆起しているから、現在と当時の地形は同じではない。しかし「稲村崎にはかに二十余町干あがって……遠干潟《とおひがた》を真一文字に懸《か》け通りて鎌倉市中へ乱れ入る」（『太平記』）ということはなかったであろう。

懐良親王《かねよししんのう》の対明《みん》姿勢

一三三六（延元《えんげん》元）年、後醍醐《ごだいご》天皇は諸皇子を各地へ派遣し、反足利《あしかが》勢力の強化をはかった。九州方面へ派遣されたのは、一〇歳にも満たない幼少の懐良親王である。親王は熊野《くまの》・伊予《いよ》の海賊衆の手を借りて薩摩《さつま》へむかい、続いて肥後《ひご》の菊池《きくち》氏のもとへ身をよせたすえ、一三五九（延文四）年に大宰府《だざいふ》へはいった。親王はここに征西将軍府《せいせいしょうぐんふ》をかまえ、約一〇年の間、黄金時代をつくりだし、九州北部に大きく力をのばした。

そのころ、倭寇《わこう》の跳梁《ちょうりょう》に悩まされた明の太祖《たいそ》は、建国の翌一三六九（応安《おうあん》二）年、楊載《ようさい》らを派遣して征西将軍府に国書を送り、倭寇の禁圧を求めた。しかし親王はこれに対して使者五人を斬《き》り、楊載らを三カ月にわたって勾留《こうりゅう》した。国書のなかに、もし倭人の侵寇が続けば太祖みずから兵船をだして武力で討つという威圧的文言があったのを不遜《ふそん》として拒否したのである。その背景には、征西将軍府に倭寇禁圧・俘虜《ふりょ》送還の力がなかったこと、さらに将軍府の軍事力が海賊衆の力によるところが大きかったことなどがあったと思われる。

翌一三七〇年、明はふたたび趙秩《ちょうちつ》らを征西将軍府に送り、日本人僧侶《そうりょ》ら俘虜一五人を送還した。日本側はこれにこたえ、翌一三七一年に祖来《そらい》ら九人の僧を派遣し、馬・方物《ほうぶつ》を贈り、七〇人の俘虜も送還した。このとき、日本側に決死隊を編成して明の朝廷をおそおうとする計画があったという伝えもある。

だが、時勢はかわりつつあった。この一三七一（応安四）年に今川貞世《いまがわさだよ》が九州探題《きゅうしゅうたんだい》として幕府から派遣されてくると、南朝《なんちょう》勢力は急速に弱まり、翌年には大宰府は陥落し、親王は肥後へ退去するようになる。一方、明は日本の主として京都の北朝《ほくちょう》の存在を認識した。一三七二年、博多《はかた》に到着した明使一行は、一年後に上洛《じょうらく》して京都にはいった。一行は帰途に征西府に立ちよったが、またもや勾留された。しかもこれといれ違いに親王は明に使いを送り、臣従をちかうという奇妙な状況が出現した。征西将軍府と足利幕府はそれぞれの立場において、明の存在を利用しようとはかったのである。

混血の貿易商人、楠葉西忍《くすばさいにん》

一四五三（享徳《きょうとく》二）年、第一一回遣明船《けんみんせん》のなかにひとりの混血の貿易商人がいた。名は楠葉西忍、全九隻のうちの八号船の貿易を取りしきる外官《げかん》をつとめた五九歳の人物である。いったい、どういう人物なのだろうか。

これより約八〇年前、将軍足利義満《あしかがよしみつ》の時代にヒジリというひとりの天竺人《てんじくじん》が来日した。天竺とは南海のどこかであったらしいが、異国好きの義満はヒジリを保護し、ヒジリはやがて商人となって唐人倉《とうじんくら》という土倉《どそう》（高利貸業者）を営んだ。ヒジリは河内《かわち》楠葉（現枚方《ひらかた》市）の娘と結婚して一児をもうけた。幼名ムスル、長じて天次、のち楠葉西忍である。

遣明船の模型

将軍義持《よしもち》の時代、不遇であった西忍父子は大和《やまと》に移り住んだが、父の死後、西忍は興福寺大乗院《こうふくじだいじょういん》で得度《とくど》し、大乗院にかかわる商人となった。その関係で一四三二（永享四）年の第九回遣明船に客商として乗りくみ、ついで一四五三年の遣明船では役人となって渡明したのである。この再度の渡航体験は、大乗院尋尊《じんそん》によって克明に記録されている。

貿易の目的はなによりも利益をあげることにある。しかし、第一一回の遣明船は船数と搭載物の量が多かったこともあり、明側の対応は冷たく、取引の利益は予想より少なかったので、なにかと衝突があったという。それでも利益はかなりのもので、西忍によれば、「日本の銅一駄《だ》の代金一〇貫文《かんもん》は、明州あたりで糸にかえると四〇〜五〇貫文ほどになり、明で購入した生《き》糸《いと》を日本で売ると二〇倍もの値段になる。しかし品物によって価格がかわるから貿易品は一〇〇貫文なら一

○種ぐらいはもってゆくべきだ」ということになる。
貴重な貿易記録を残してくれた混血の商人、西忍は、大和古市《ふるいち》で九二歳の生涯をおえた。

13　中世の社会

寛正《かんしょう》の大飢饉《だいききん》

一四五九（長禄《ちょうろく》三）年は春から異常気象であった。梅雨期にも雨が少なく、九月には大暴風雨で賀茂《かも》川が氾濫《はんらん》し、多くの死者がでた。不気味なこの動きは翌年から二年続きでおこる寛正の大飢饉の予告であったといえる。

翌一四六〇（長禄四）年は西国から飢饉が広がった。三・四月は日照りで水不足、五・六月は逆に長雨・低温と疫病《えきびょう》、そして秋には大風が吹き、蝗《いなご》の害もひどく、穀物は不作で、備前《びぜん》・美作《みまさか》・伯耆《ほうき》の三国では「人民相食《あいは》む」状態がおこったという。禅僧の雲泉太極《うんせんたいきょく》は『碧山日録《へきざんにちろく》』に自己の見聞をいきいきと記録した。すでに三月、彼は京都六条の辻で河内《かわち》からのがれてきた乞食の老婦が餓死した子をかかえている姿をみた。この年の末、元号は長禄《ちょうろく》から寛正に改められたがなんの効果もなく、路傍には死体が放置されて山のようになった。

翌一四六一（寛正二）年は正月から京中の餓死者がふえ、毎日三〇〇〜七〇〇人を数えたという。二月、太極は時衆《じしゅう》の願阿《がんあ》が六角堂《ろっかくどう》の南に小屋がけし、飢人に粟粥《あわがゆ》をふるまうと聞いたが、それも二月いっぱいで底をつき、願阿の仕事は死体の収容・葬送になったと知らされた。この二カ月のあ

飢饉の図(『人道生別死別風大水不慮難之図』)

いだに洛中《らくちゅう》の死者は八万二〇〇〇人に達した。洛北《らくほく》の僧が小さな卒塔婆《そとば》を八万四〇〇〇つくって死体のうえにおいてゆくと、二〇〇〇しか残らなかったからという。三月は清水寺《きよみずでら》の僧が五条の橋下に一日で一二〇〇人の死者を葬ったと報じられた。

太極の筆は、この悲惨さとは対極的に、六条で老婦にあった日に、花見にでかけた貴公子たちが数千の従者をつれて我がもの顔に振る舞った狼藉《ろうぜき》ぶりも記録している。そしてそれら特権階級の頂点にたつ将軍義政《よしまさ》は、寺社参詣《さんけい》や土木工事に熱中しており、寛正二年の二月には後花園《ごはなぞの》天皇から驕奢《きょうしゃ》を戒める詩をあたえられたのであった。

日野富子《ひのとみこ》

だれがいいだしたのかは定かではないが、日野富子は、北条政子《ほうじょうまさこ》、淀殿《よどどの》とともに日本三大悪妻のひとりにあげられている。中流貴族の日野家出身の富子は、一四五五（康正《こうしょう》元）年一六歳のとき、二〇歳の八代将軍足利義政《あしかがよしまさ》の正室《せいしつ》として嫁《か》してきた。三代将軍義満《よしみつ》以来、正室は日野家から迎えるのが慣例であったからである。

一四六五（寛正《かんしょう》六）年に二六歳で嫡男義尚《ちゃくなんよしひさ》を生むと、彼女はわが子を次期将軍とするために山名宗全《やまなそうぜん》をたよって画策《かくさく》をはじめる。母は強しである。これが応仁《おうにん》・文明《ぶんめい》の乱《らん》の一因となったことは、周知の事実である。その後、対立していた足利義視《よしみ》が山名方（西軍）に走ると、富子は細川勝元《ほそかわかつもと》側（東軍）をたよって、義尚の九代将軍就任を実現し、幼い将軍を補佐してしだいに政治の中心に位置するようになった。

この間の彼女の行動を、「天下の政治はみな女子《おなご》（富子）がひきまわしており、将軍は大酒を飲み、諸大名は犬笠懸《いぬかさがけ》などに熱中しており、まことに天下泰平《たいへい》の世のなかだ」（『大乗院寺社雑事記《だいじょういんじしゃぞうじき》』）と皮肉られている。また、「御台所《みだいどころ》富子は天下を牛耳《ぎゅうじ》っており、巨万の富をその手許に集めている。戦費に困っている東西両軍の大名達は、高利でこの金を借りている。西軍の畠山義就《はたけやまよしなり》も先日一〇〇〇貫文《かんもん》借用した。そのため天下の金はことごとく御台所が握ってしまった観がある。近ごろは米の投機《とうき》を行うための準備として米倉《こめぐら》をたてているということだ」（『大乗院寺社雑事記』）と批判されている。東軍側の富子が西軍の主将に軍資金を貸すということは、「死の商人」の振る舞いというべきだろう。

さらに、京都の七口《ななくち》の関の設置と関銭《せきせん》の徴収は、禁裏《きんり》や諸社祭礼の諸経費の捻出《ねんしゅつ》を名目としていたが、「当時の御政道は御台所の裁断であるが、諸社の祭礼は取りやめとなり、節会《せちえ》以下の年中行事もいっさい行われず、末代の至りである」(『宣胤卿記《のぶたねきょうき》』)というなげきが聞こえてくる。

富子の手段を選ばぬ蓄財ぶりは、彼女の悪評につながった。ただし、政治に関心を示さずに文化や女色《じょしょく》にのみ執着した夫義政を見切って、わが子義尚を盛りたてるためには、金にたよらざるをえなかったのではないだろうか。先述の批評はすべて男性の手になるものである。男が支配する世界にあって、女の身で事をなそうとするならば、冷徹な合理主義者にならざるをえなかったといえよう。富子が現代に生まれていれば、偉大な女性実業家として賞讃のまとになっていたのではない

●京の七口《ななくち》●

京から他国へむかう街道の入口で、鎌倉末期から歴史に登場してくるが、七の数字は必ずしも七つではなく、時代によってかなりの違いがあり、名称もさまざまである。室町時代には七口に率分所《りつぶんしょ》とよばれる関所《せきしょ》がおかれ、関銭《せきせん》がかけられた。七口が庶民に広く知られるようになったのは、秀吉《ひでよし》が町の周囲に御土居《おどい》をめぐらしてからである。

ふつうにいわれる七口は、東国《とうごく》へむかう粟田口《あわたぐち》を筆頭とし、北東へむかう鞍馬《くらま》口と大原《おおはら》口、西北へむかう丹波《たんば》口と長坂《ながさか》口、それに南へむかう鳥羽《とば》口・伏見《ふしみ》口である。

だろうか。

赤入道宗全《あかにゅうどうそうぜん》の放言

応仁《おうにん》の乱の西軍の主将山名持豊《やまなもちとよ》は三九歳で出家して法名を宗全に改めた。彼は精力的で赤ら顔であったから、人よんで赤入道、鞍馬毘沙門天《くらまびしゃもんてん》の化身《けしん》とも称された。その奔放《ほんぽう》な行動は公家《くげ》のあいだにも知れわたり、万里小路時房《までのこうじときふさ》はその日記に「近日、無道濫吹《らんすい》、ただ山名にあるなり」と記すほどであった。

十六世紀に編まれた説話集『塵塚物語《ちりづかものがたり》』にはつぎのような話がのせられている。山名金吾入道宗全は応仁の乱のころ、ある右大臣家を訪れた。そのとき大臣が古い例を取りあげては賢者顔に話をしたところ、宗全は「たけくいさめるもの」だったから、遠慮なくいい放った。「あなたの仰せは一応はもっともだ。だからといって、なに事にも旧例を引きあいにだすのはよろしくない。凡《およ》そ例という文字は、今後は時の文字にかえて考えてほしい。すべてのことについて、昔はこうだったからというういい方は私も多少は知っている。しかしたとえば、昔は大極殿《だいごくでん》でこの儀式をしたという例があっても、その御殿が滅びてしまったら仕方がないだろう。およそ例というのはその時が例なのだ。基本的な政治のあり方については例を尊重していいが、そのほかのことは少しでも例をあげるべきではない。例にこだわって時を理解しなかったがために、公家は衰微し、武家に天下を奪われ、その機嫌をとるようになったのだ。もし、今、例にしたがっていたら、私のような人間があなたと対等に話せるわけはない。今のありかたこそ時なのだ。私が今申しあげるのは恐れ多いが、後世さらに無礼なものもでてくるだろう。今後はけっしてこころないものにむかって昔の例をいってはならない。あなたが時を認識されるなら私はできるだけの努力をしてあなた方をお助けしよう」と。この話は宗全の強烈な自負心のあらわれであるとともに下剋上《げこくじょう》という時代風潮を物語っている。

徳政《とくせい》のおかしな話

『塵塚物語《ちりづかものがたり》』に徳政令に関するおかしい話がのせられている。ときは文明《ぶんめい》（一四六九〜八七）のころ、京の三条・五条辺りは多くの旅人が泊ってにぎやかだった。そのとき、徳政のお触れが近くでるぞとの噂が流れた。旅宿の亭主は「しめた。これでもうけてやろう」と考え、宿泊客の所持品をみてまわり、「この脇差《わきざし》をしばらく貸して下さい。この包みも」と借りてまわった。客たちはつゆ疑わずに貸してやった。

一両日のち、予想どおり公儀《こうぎ》の触れがで、辻々に徳政令が掲げられた。亭主は客たちを集めていう。「まことに申し訳ないが、この徳政とは将軍さまのお触れで、なんでも借りたと声をかけた物はすべて借り主の物となり、貸した物は貸主の損となる。こうして天下の貸借を平均するという法令だ。だから先に貸してほしいといった物はすべて私の物になった。これは私がいうのではなく、公儀のお触れなのだ」としらじらしくいった。客たちは「これはいったいどうしたことか」と顔をみあわせおどろくばかり。するとひとりの知恵者がいて前へでてくるといった。「いかにもごもっとも、公儀のお触れにはそむけませぬ。私たちが貸した物はすべてお取りなさい。ただし、気の毒には思いますが、私たちがたまたまお借りしたあなたの宿は今さら返せません。これも不運とあきらめて、妻子をつれて立ちのいていただくことになります」。

「そんな無法な」。おどろいた亭主は「とにかく渡せぬ」と争ったが、事件はとうとう奉行所へもちだされた。奉行は亭主に申し渡した。「まことに憎い振舞だ。急ぎ立ち去れ」と。亭主は力およばず、家を失ってどこかへ去った。「亭主が欲をかいたから、こんな浅ましいことになるんだ」と天下の物笑いのたねになった。

神も仏も金の世の中

中世後期のめざましい貨幣経済の進展は、黄金万能の世の中をつくりだした。室町末期の作と思われる『人鏡論《じんきょうろん》』に登場する道無斎《どうむさい》はそれをズバリと喝破《かっぱ》する。

まず登場するのは神道《しんとう》の達人萩原《はぎわら》ノ中将《ちゅうじょう》、八宗兼学《はっしゅうけんがく》の僧一如上人《いちにょしょうにん》、儒教の実践者性子《せいし》の三人である。三人はそれぞれ、神道・仏教・儒教の優位を説く。そこへ登場するのが、この世の流れにさからわずに生きぬく道無斎。彼は三教いずれの世界でも金銀は第一の宝だといい、黄金万能の世の中を具体的な例をあげながら話しだす。

とにかく金《かね》さえ積めばなんでもできる。神道卜部《うらべ》家の秘伝を金を包んで伝授された話、儒者たちに金をばらまいておろかな息子に学者の名声を得させた話、やぶ医者が権門勢家《けんもんせいか》に近づいて金を使って名医の評判を得た話、身分がいやしくても金の力で武家になり、高僧になった話、職人の世界でも金《かね》で名工につくらせた品を大名たちに差しだして名人上手といわれた話……。くせ者道無斎の論法は「人間万事金次第」というのであった。

四人は最後につれだって伊勢神宮《いせじんぐう》に参拝する。それまでさんざんにやりこめられていた萩原ノ中将は生気を取り戻し、「ここばかりは金のままにならぬところ」と胸を張る。道無斎は懐中から金包みを取りだし、一如上人・性子・道無斎三人の名を書いて御師《おし》の荒木太夫《あらきだゆう》に渡した。「御奇特な方々だ」といった御師は、中将だけを玉垣《たまがき》の辺りに残し、三人を神前近くまで案内した。怒った中将が「金さえだせば出家も神前に近づけるとはなにごとか」となじると御師は平然とこたえた。「それは金が神前近く参ったので、出家が参ったのではありません」。中将は唖然《あぜん》として御師が去るのを見送るばかりであった。

14　室町文化

一休《いっきゅう》の恋

一四八一（文明《ぶんめい》十三）年十一月二十一日、まじめさと風狂《ふうきょう》をともに愛した一休宗純《そうじゅん》は、酬恩庵《しゅうおんあん》（京都府京田辺市《きょうたなべ》）で八八歳の生涯をとじた。臨終《りんじゅう》にあたって集まった弟子たちに「死にとうない」と一言いったという。このとき枕頭《ちんとう》にはひとりの女性がいた。盲目の美女、森女《しんじょ》（森侍者《しんじしゃ》ともいった）である。

二人の出あいは一一年前にさかのぼる。一休七七歳、森女の年齢ははっきりしないが三〇歳前後であったと思われる。一休の詩集『狂雲集《きょううんしゅう》』に「薬師堂《やくしどう》（住吉の）に遊んで、盲女の艶歌《えんか》を聴《き》いて」つくった詩があり、「一夜悲しい歌に聞きほれた」という。翌春、再会した二人は同居するようになる。森女の素性《すじょう》は不明だが、旅芸人とか巫女《みこ》であったという説もある。また、森女が寺の地所の購入資金を得るために自分の小袖《こそで》を売ったことや、一休死後の法要《ほうよう》に多額の香典《こうでん》をだしていることから身分のある家の出身者説もある。南朝《なんちょう》の皇孫《こうそん》説まである。

「森侍者は一代の風流美人で、清宴《せいえん》の艶歌は、調べが新鮮じゃ。衲《わし》は新詩を吟ずるが、美しいえくぼの寝顔をみると、腸《はらわた》もちぎれんばかり……、天宝《てんぽう》の海棠《かいどう》のごとき楊貴妃《ようきひ》と、森女の春姿と同じじゃ」と、「看森美人午睡《かんしんびじんごすい》」と題する詩で一休は森女を紹介している。一休のほれこみぶりがよくわかる。『狂雲集』には、「盲目の森侍者は毎夜、（夢のなかで）詩を吟ずるわしによりそい、夜具のなかでおしどりのごとく、むつまじくささやきあう」といった愛の交歓《こうかん》をうたった詩もある。もっとも、一休と森女との愛の交歓の有無については、研究者のあいだでも意見が分かれている。

なお、一休と森女がいた酬恩庵には、一休を慕って茶道《さどう》の祖となる村田珠光《むらたじゅこう》、世阿弥《ぜあみ》の娘婿金春《こんぱる》

一休と森女図

禅竹《ぜんちく》、音阿弥《おんあみ》、連歌《れんが》の飯尾宗祇《いいおそうぎ》、柴屋軒宗長《さいおくけんそうちょう》、俳諧《はいかい》の祖とされる山崎宗鑑《やまざきそうかん》らがしばしば訪れ、一大文化サロンを形成していた。森女はその場のよきアシスタントではなかったのだろうか。

鍋《なべ》かぶり日親《にっしん》

開祖日蓮《にちれん》の法をうけつぎ、十五世紀に九州や京都で布教《ふきょう》につとめ、さまざまの弾圧にも屈しなかった僧がいた。冠鐺上人《なべかぶりしょうにん》の異名《いみょう》を得た日親である。

中山法華経寺《なかやまほけきょうじ》の門流《もんりゅう》に属する日親は、二一歳で上洛《じょうらく》し、二七歳で肥前《ひぜん》国に赴いて布教につとめたが、その信念と行動とは徹底していた。法華経至上主義をとり、正法《しょうぼう》国家の実現をめざし、公武に諫奏《かんそう》すること八度、他宗との宗論《しゅうろん》六六度といわれるほど、権力に対してはつねに戦闘的姿勢をとった。ために中山法華経寺からは破門《はもん》され、幕府からは激しい弾圧をうけたのである。

一四三九（永享《えいきょう》十一）年五月、京都本法寺《ほんぽうじ》にあった日親は、将軍義教《よしのり》に諫奏したが却下《きゃっか》され、二度と訴えるなと厳命された。しかし、翌年二月、五月に諫奏する予定で、邪法をすて正法につけと論じた『立正治国論《りっしょうちこくろん》』の仕上げにかかっていたとき、幕吏《ばくり》にとらえられた。日親は四畳敷き、高さ一三〇センチ余の籠《かご》のなかに八人でつめこまれた。たてば頭を釘《くぎ》で傷つけてしまう。続いて彼はさまざまの拷問《ごうもん》にかけられた。

炎天下の獄庭に引きだし、燃えあがる薪《まき》にむかわせ、題目《だいもく》をすてて念仏《ねんぶつ》をとなえよと強要させ

焼鍋をかぶらされ拷問される日親(『日親上人徳行絵図』部分)

る。凍りつく寒夜に裸《はだか》で木にしばりつけ、夜どおし笞《むち》打つ。梯子《はしご》にしばりつけ、口から何杯も水を流しこむ。局部を竹串で刺し、焼鍬《くわ》を脇にはさませる。声をださせぬため、舌の先を切りとる。言語に絶した拷問のなかでもひどかったのは、まっ赤に焼けた鍋を頭にかぶせたことであった。髪はもえ、肉はただれ、まさに身の毛もよだつものすごさであった。

だが、日親は屈しなかった。一四四一（嘉吉《かきつ》元）年六月、将軍暗殺によって日親は解放されるが、ただちに布教を再開し、京都や各地で活動した。弾圧は各地で続き、幕府にも再度禁獄《きんごく》されたが、八二歳の死まで戦いをやめなかった。京都の町衆《まちしゅう》は多く日蓮宗に投じ、十六世紀前半に法華一揆《ほっけいっき》を結ぶほどに成長した。

山水河原者《せんずいかわらもの》

中世、京都の鴨《かも》川の河原などの非課税地の河川敷《かせんじ》き

慈照寺の庭（『都林泉名勝図会』）

に住んだ隷属民を河原者といった。天災・飢饉《ききん》・戦乱などが原因となって多くの流亡民が発生し、彼らが河原者の母体となったといえよう。生業《せいぎょう》は、斃牛馬《へいぎゅうば》の処理・皮革生産・染色・清掃・犯罪者処刑・井戸掘り・壁塗り・池浚《いけざら》えなど多種多様であった。

とくに室町時代から清掃業務の一環として、宮廷や禅宗寺院の庭に河原の木石を運ぶうちに作庭《さくてい》に従事し、しだいに技術を身につけて才能を発揮するものも出現した。こうした造園技術にすぐれたものたちを山水河原者とよぶようになる。ただし、一四二八（正《しょう》長《ちょう》元）年の『建内記《けんないき》』に、河原者が禁裏《きんり》の庭園作業に従事したので、「不浄之者」ゆえに排除されたことが記されている。当初から山水河原者が重用されたわけではない。

八代将軍足利義政《あしかがよしまさ》の同朋衆《どうぼうしゅう》（将軍の側近にあって、芸能・茶事《ちゃじ》・雑用をつとめた僧体《そうたい》の人びと）に抜擢《ばってき》されて才能を発揮した善阿弥《ぜんあみ》の登場が、山水河原者の存在を高からしめたといえよう。善阿弥は、室町殿《むろまちどの》（花御所《はなのごしょ》）、奈良の興福寺《こうふくじ》大乗院《だいじょういん》・中院《ちゅういん》、内裏《だいり》学問所などの作庭を手がけて名声を得た。また、彼は水墨画《すいぼくが》の鑑定・収蔵、模作《もさく》者としても知られていたという説もある。

善阿弥は、子の次郎三郎、孫の又四郎とともに慈照寺《じしょうじ》銀閣《ぎんかく》の庭をつくったことでも知られている。そして、一四八九（長享《ちょうきょう》三）年にも、九七歳で作庭に従事していたこと、当時天下第一の称があたえられていたことが『鹿苑日録《ろくおんにちろく》』に記されている。孫の又四郎も祖父におとらぬ作庭の名手であるとともに、「一生決して生き物の命を断たないこと、また財宝を貪《むさぼ》らない事を心に誓い」、俗

●枯山水●

水を用いずに、水の感じを象徴的に表現した庭を枯山水とよぶ。西芳寺《さいほうじ》庭園・竜安寺《りょうあんじ》方丈《ほうじょう》庭園など禅寺《ぜんでら》の庭園でよく用いられる手法で、「かれさんすい」「からせんずい」と読む。しかし、平安時代には「こせんずい」とよんで、池も遣水《やりみず》もないところに石をたてる＝庭をつくることを意味した。

室町時代に「唐山水《からせんずい》」と名づけられた餅菓子があった。中国人が常食とした餅で水をいれない美味な餅だという。水を用いないという特徴から「唐山水」と名づけられたのではないかといわれるから、枯山水の枯は「から」と読まれたのであろう。

牛王宝印

人でありながらも一般の僧侶《そうりょ》などはるかにおよばない清廉《せいれん》な生活を実践したという。

熊野比丘尼《くまのびくに》の俗化

平安後期から発展した熊野三山《さんざん》の信仰は中世になっていっそう広まり、各地に熊野の神が勧請《かんじょう》された。それに大きく貢献したのは熊野の御師《おし》・勧進聖《かんじんひじり》や熊野比丘尼たちである。

熊野比丘尼とは熊野御師・先達《せんだつ》の妻女で、三山の神霊の託宣《たくせん》を伝えた人たちである。各地へでかけては熊野牛王宝印《ごおうほういん》や護符《ごふ》をくばり、熊野曼荼羅《まんだら》や地獄極楽変《へん》相図《そうず》を掲げて人びとにその内容を説明する絵解《えと》きをし、歌をうたったりして教化《きょうげ》と勧進につとめた。室町後期の作と思われる『住吉《すみよし》神社祭礼図』に描かれた熊野比丘尼は灰色の頭巾《ずきん》をかぶり、白い衣を着て、社頭の橋のたもとで中腰になり『熊野勧心十界《かんじんじっかい》図《ず》』とよばれる地獄絵を手にもつ棒でさし示しながら解説しており、供の少女が柄杓《ひしゃく》をもって観衆から銭をもらいうけている。注目されるのは観衆の多くが女性であることで、信仰は女性をつうじて広まったのである。

戦国時代に伊勢上人《いせしょうにん》と敬《うやま》われた女性がでた。伊勢の宇治浦田《うじうらた》の慶光院《けいこういん》の初代院主守悦《いんしゅしゅえつ》と三代院主清順《せいじゅん》である。彼女たちはともに熊野出身の熊野比丘尼で、各地を勧進して歩き、伊勢神宮の遷宮《せんぐう》と宇治大橋のかけかえという大事業に貢献し、慶光院の院主となった。そこを中心に声聞師《しょうもじ》とよばれる卜占《ぼくせん》・雑芸《ざつげい》・音曲《おんぎょく》などを業とする集団が成長した。

熊野比丘尼の活動は近世にも続いた。しかし、高野山《こうやさん》の信仰を広めた高野聖《ひじり》と同様にしだいに

● 熊野牛王《くまのごおう》 ●

牛王は牛の腸にできる胆石《たんせき》（牛黄《ごおう》）で高貴薬とされた。これを印肉にいれ、それでおした印を牛王宝印《ほういん》といい、霊験あらたかなものとされた。

牛王宝印は英彦山《ひこさん》・白山《はくさん》など修験《しゅげん》の山のものもあるが、もっともポピュラーなのは熊野三山《さんざん》のそれである。三山は八咫烏《やたがらす》の伝承をもつ地なので烏を神の化身《けしん》とし、烏を図案化した神符をもつ。現在では本宮《ほんぐう》が八八、新宮《しんぐう》が四八、那智《なち》が七二の烏文《からすもん》がある。

熊野牛王はさまざまの霊力があるとされ、火災・盗難・災害よけの護符などに用いられるが、とくに牛王印をおした紙を起請文《きしょうもん》の用紙として用いることが、中世から近世に流行した。

俗化し、絵解きは芸能化し、歌念仏《うたねんぶつ》をもっぱらにするものがふえてきた。江戸前期の『人倫訓蒙図彙《じんりんきんもうずい》』は「歌比丘尼はもとは清浄な熊野の勧進だったが、いつしか色を売るようになった」と記し、『東海道名所記』には「小田原でみた比丘尼は、絵解きは知らず、歌をうたうだけで、眉細く、薄化粧し、歯は白く、手足に紅をさし、まるで傾城《けいせい》・白拍子《しらびょうし》だ」と記してある。芸能化と頽廃《たいはい》化、それが熊野比丘尼の末路であった。

犬と猫の飼い方の変化

犬と猫は私たち人間の身近にいて、もっとも愛されてきた動物である。しかし、時代によってその飼われ方に違いがあったことは、あまり知られていないのではないだろうか。

犬は中世までは放し飼いが原則だった。十二世紀末の成立になる『年中行事絵巻《ねんちゅうぎょうじえまき》』には、人に吠《ほ》えかかる犬や闘鶏《とうけい》の鶏に吠えかかる犬が描かれている。同時期に成立した『粉河寺縁起《こかわでらえんぎ》』の猟師の家の庭にいる犬も放し飼いである。藤原定家《ふじわらのていか》も「放し飼いの犬が多くてこまってしまう」(『明月記《めいげつき》』)となげいている。もちろん、狩猟にいくときには、犬に首綱をつけることはあったであろう。

ところが、近世になると、十七世紀に成立した『彦根屏風《ひこねびょうぶ》』や『江戸図屏風《えどずびょうぶ》』などに首綱につながれた犬が登場してくる。これは、南蛮人《なんばんじん》がつれていた大型犬の飼い方をまねたのであろう。犬

人や鶏に吠えかかる犬(『年中行事絵巻』)

の飼い方にも南蛮文化の影響があったことはおもしろい。また、鷹《たか》の餌《えさ》や人間の食糧となっていた犬のペット化も進んでいったので、犬を首綱でつないで飼う飼い方が多くなった。

一方、猫は中世までは、犬とは逆に首綱につないで飼うのが原則だった。十四世紀前半成立の『石山寺縁起《いしやまでらえんぎ》』には、商家入口の暖簾《のれん》の前で、赤い首綱につながれた虎猫が描かれている。『源氏物語《げんじものがたり》』若菜《わかな》の巻には、長い首綱で猫をつないでいることを示す記事があり、猫の赤い首綱についての記述が『枕草子《まくらのそうし》』にもみえる。また、『今昔物語集《こんじゃくものがたりしゅう》』の「猫恐《ねこおじ》の大夫《たゆう》藤原清廉《きよかど》」(『日本史こぼれ話』所収)の話や『古今著聞集《ここんちょもんじゅう》』の「宰相《さいしょう》中将の乳母が飼猫の事」の話から、当時猫を綱でつないで飼うことが一般的であったことが読みとれる。

ところが、近世社会になると都市の消費生活が著しく向上していった。その結果として鼠《ねずみ》も大繁殖し、鼠の害が甚大なものとなった。その鼠をつかまえるために猫の放し飼いが必要となった。正三位参議西洞院時慶《にしのとういんときよし》の日記『時慶卿記《きょうき》』の慶長《けいちょう》七(一六〇二)年十月四日の条をみると「三カ月前に猫の放し飼いの命令がだされたが、突然の出来事で迷ってしまって別人の家にはいってしまったり、無警戒のため犬に噛まれて死んだ猫も多い」とある。猫の放し飼いが、当初はかなり混乱をもたらしたことをこの記事は物語っている。また、猫の放し飼いがもっとも都市化の早かった京都からはじまったこともわかる。

ただし、混乱も当初だけだったとみえ、放し飼いは近世をとおして一般化していった。浮世絵《うきよえ》などの絵画資料がそれを物語っている。

15　戦国時代

知恵も情けもあった上杉謙信《うえすぎけんしん》

戦国大名上杉謙信は、長尾景虎《ながおかげとら》と称した少年時代から分別ある将として知られていた。一五歳のときである。かねて景虎と不和だった兄の晴景《はるかげ》が、景虎の居城栃尾《とちお》城を一気に攻略しようと五〇〇〇の兵を率いて攻めよせた。矢倉《やぐら》から寄手《よせて》をみていた景虎は側近の宇佐美定行《うさみさだゆき》、本庄慶秀《ほんじょうよしひで》にむかっていった。「敵は必ず今夜撤退するだろう。その機をとらえて追い討て」と。両名は異を唱えた。「はるばる攻めてきた敵がおめおめと帰るとは思えませぬ。引きあげるとみせて味方をおびきよせるのでしょう」。しかし景虎は、「必ず撤退する」と断言する。はたせるかな、夜にはいると敵は撤退しはじめた。景虎の号令一下、押しだした城兵は敵を打ち破り、千二百余人も討ちとって勝利を得た。両名は景虎に問うた。「なぜ敵の動きが予測できたのか」と。景虎はこたえる。「今朝からみていると、敵は小荷駄《こにだ》の備えがない。つまり我をあなどって、腰の兵糧《ひょうろう》だけで寄せてきたのだ。小荷駄がなければ一夜の陣は張れないし、兵糧を食べ切ると食もない。そこを討てばいいと判断したのだ」。

武勇すぐれる謙信は情もあつかった。一五七三（天正《てんしょう》元）年、好敵手武田信玄《たけだしんげん》が信州で他界した

上杉謙信画像

との報を北条氏政《ほうじょううじまさ》から得たとき、おりから湯漬けを食べていた謙信は思わず箸《はし》をすて、手を打ってなげいた。「きっと信玄は死んだのだろう。積年の敵ではあったが、まことの英雄を失った思いである」。はらはらと涙を流した謙信は側近にいった。「信玄は天下の英雄だ。今日から三日間、府中《ふちゅう》の侍の家ではいっさいの音曲《おんぎょく》を禁じよ。ただし農民・商人の家ではとがめない。この処置は信玄への敬意からではなく、弓矢の神への礼儀なのだ」。この話はのちの創作らしいが、毘沙門天《びしゃもんてん》をあつく信仰した謙信らしい話である。

武田《たけだ》信玄《しんげん》の心がけ

甲斐《かい》の雄、武田信玄は戦いでも強かったが、その本領はむしろ分国《ぶんこく》統治の面にあり、天下取りの道を歩いた人物であった。それだけに人間的魅力に富み、乱世における武将の生き方について考え

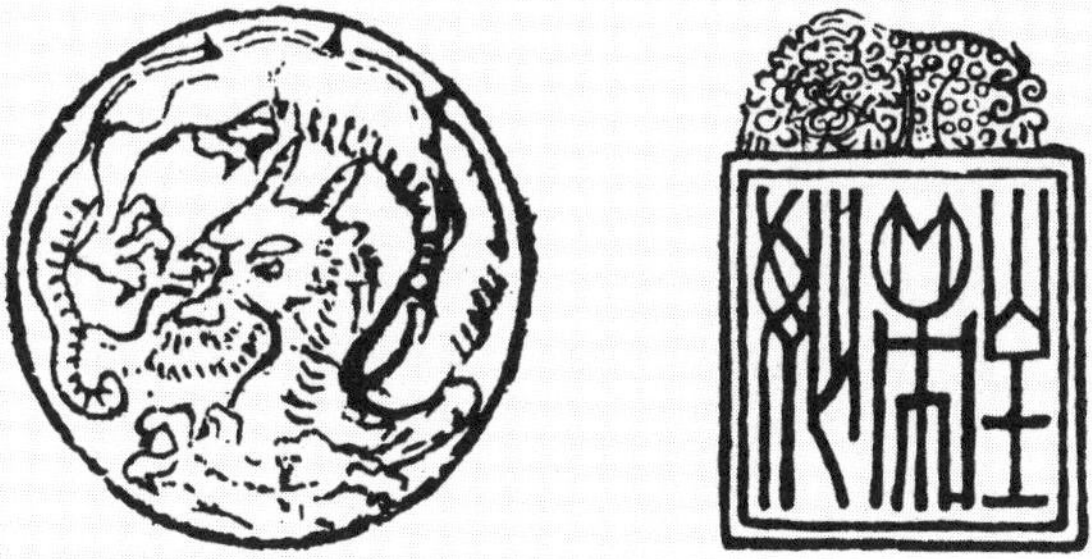

印章　武田信玄の竜印(左)と上杉謙信の虎印(地帝妙印)。

させるエピソードを多く残している。

信玄は今川《いまがわ》氏の配下にあった時代の徳川家康《とくがわいえやす》を高く評価し、好《よし》みをつうじようと家康の側近、酒井忠次《さかいただつぐ》へ手紙を送った。そこには「啐啄《そったく》」の二字がある。たまたま伊勢《いせ》から東国へ赴く途中、岡崎へ立ち寄った江南和尚《こうなんおしょう》に忠次がこの意味をたずねると、「啐は雛鳥《ひなどり》が卵の殻《から》の内から、啄は親鳥が殻の外からつつくことで、両者の呼吸があわずに早すぎても、遅すぎても立派な鳥は生まれない」という意味だとわかった。これを聞いた家康は「万事、時をまつことが大切なのだ」といい、鷹狩《たかがり》の鷹を放つのも啐啄の心だといった。忠次は「これは信玄が今川を討つのだ」と知ったという。信玄の情勢判断の確かさを語る話である。

信玄の厠《かわや》は立派であった。京間《きょうま》の六畳敷きで畳をしき、風呂屋から樋《とい》で引いた下水で不浄を流す。奥衆二人が香炉掛《こうろがか》りで、朝昼晩と沈香《じんこう》をたく。今ひとりが信玄の意を聞いて、国郡《こくぐん》名で分類した状箱《じょうばこ》から書類を持参し、信玄は厠内でこれを読み、決断したという。これは一つには用心のため、一つには精神統一のためだったと思われる。

こんな話もある。あるとき、家人《けにん》の長坂某が今川氏真《うじざね》と北条氏政《ほうじょううじまさ》の名のある二枚の短冊《たんざく》を信玄にみせた。氏真は信玄の甥、氏政は婿だから喜ぶだろうと思ったのだが、信玄はいった。「国持の大名でも武勇がなく、優雅なだけでは、猫が鼠《ねずみ》をとらずに毛並みが美しいのと同じである。武士の能は武勇だ。それがなくて歌道にすぐれても名誉にはならぬ。石臼《いしうす》は多くの用にはたつが座敷にはあげず、茶をひくだけの茶臼は座敷におく。二人の書も和歌もいわば石臼の芸だ」と。外見ではなく実質をみる信玄のあり方がよくわかる。

文化切り売りの公家《くげ》

応仁《おうにん》・文明《ぶんめい》の乱《らん》は京都の荒廃を招いた。将軍権威の失墜《しっつい》とともに公家勢力の没落も顕著になった。五摂家《ごせっけ》の一つの二条家《にじょうけ》の邸宅《ていたく》でも、「屋上《おくじょう》荒廃して直《ただ》に天をみ、藤《ふじ》は盛りといえども架《たな》なく地におち」(『宣胤卿記《のぶたねきょうき》』)という状態であった。公家や僧侶《そうりょ》のなかには戦火をさけて地方にくだるものもあった。その結果、都の文化が地方にも伝わったという。

たしかに文化の地方普及に公家らの力があずかっていたことは事実であるが、彼らはボランティアで文化を広めたのではないことも事実である。和漢につうじた室町時代随一の学者で「五百年以来の才人」とうたわれた前関白一条兼良《かんぱくいちじょうかねよし》《かねら》は、一四七九(文明《ぶんめい》十一)年に越前《えちぜん》の一乗谷《いちじょうがたに》の朝倉孝景《あさくらたかかげ》のもとに、七八歳の老骨《ろうこつ》にむちうってでかけていった。都の文化を積極的に摂取していた朝倉氏の求めに応じたというのは表むきの理由で、じつは右大将に昇進した後継者冬良《ふゆよし》の拝賀式《はいがしき》の資金を得るのが目的であったという。旭日昇天《きょくじつしょうてん》の勢いの孝景は、遠路はるばるきてくれた兼良にぽんと銭二〇〇貫《かん》を進呈している。

この兼良の越前下向《げこう》に対して、「まことに軽率《けいそつ》な行動だ。一時の潤沢《じゅんたく》を得るために末代の恥辱《ちじょく》を招くものだ」という批判も公家のあいだにおこった。しかし、和歌や連歌《れんが》の添削《てんさく》、蹴鞠《しゅうきく》（けまり）などの芸道、古典書写、短冊《たんざく》書きなどの公家の知識や学問を切り売りする道を多くの公家は選んで

●小京都《しょう》●

京都の文化は地方の人びとのあこがれの的《まと》であった。戦国時代には各地の戦国大名が積極的に公家《くげ》・文化人を招き、自分の城下町を東山《ひがしやま》・賀茂《かも》川といった京都の自然景観になぞらえたり、祇園社《ぎおんしゃ》・天神社《てんじん》などを勧請《かんじょう》して京都文化の導入につとめたりしたところが多い。これらの町を小京都とよぶ。

日本の各地には多くの小京都がつくられた。一九八五（昭和六十）年、全国の小京都と京都ゆかりの市や町が、京都と結んで全国京都会議を組織した。その数は五二を数える。自分の住むところの周辺で、小京都とよばれるところを探してみよう。

いった。兼良の得た報酬は公家たちには魅力的だったのである。以後、束脩《そくしゅう》（入学金・授業料に相当するもの）目当ての芸道や歌道伝授のための地方下向、つまり地方稼ぎが増加していった。

たとえば、中流公家の飛鳥井雅綱《あすかいまさつな》（蹴鞠と歌道の師範）と弟子の山科言継《やましなときつぐ》（有職故実《ゆうそくこじつ》家）は、一五三三（天文《てんぶん》二）年に織田信秀《おだのぶひで》（信長《のぶなが》は翌年誕生）らの招きで尾張《おわり》に下向したが、束脩として二人で銭五七貫文と糸巻の太刀一九振《ふり》と馬一疋《ぴき》を得ている。これ以外に、盆料や餞別《せんべつ》などとして雅綱が八七貫と太刀五振、言継が九貫八〇〇文と太刀五振をもらっている。二人の得た一五三貫八〇〇文を米に換算すると約九二石《こく》になる。約二カ月の旅で得た稼ぎとしては、十分に家計をうるおしたことであろう。

禁裏《きんり》の衰退

応仁《おうにん》・文明《ぶんめい》の乱（一四六七〜七七）による権威の失墜《しっつい》は室町幕府にとどまらず、幕府にささえられていた皇室の衰微《すいび》をも招いた。乱当時の後土御門《ごつちみかど》天皇（在位一四六四〜一五〇〇）の在位中は、京都は兵火にあい、皇室領も地方武士に侵され、朝儀《ちょうぎ》も行えないありさまだった。天皇は難をさけて御所《ごしょ》を離れ、足利義政《あしかがよしまさ》の室町第《てい》や小川第、北小路《きたこうじ》第、日野政資《ひのまさすけ》第などを転々とした。そして、一五〇〇（明応九《めいおう》）年九月二十八日に五九歳で崩御《ほうぎょ》した。しかし、費用のやりくりがままならず、遺骸《いがい》をおは黒戸《くろど》の御所（清涼殿《せいりょうでん》の北にある部屋）に四九日おかれ、十一月十一日になってようやく葬儀をおえたという。

後土御門天皇のあとをうけて践祚《せんそ》した後柏原《ごかしわばら》天皇（後土御門天皇第一皇子、在位一五〇〇〜二六）は、皇室の財政難から即位の大礼《たいれい》ができなかった。天皇はときの管領細川政元《かんれいほそかわまさもと》に献金を命じたが、「御無益、末代不相応の事なり」といわれてしまう。一五二一（大永《たいえい》元）年になって、第十代将軍足利義稙《よしたね》から即位のための費用として一万疋《びき》（銭一貫《かん》を一〇〇疋とすると一〇〇貫文に相当）の献金があり、三条西実隆《さんじょうにしさねたか》の依頼をうけた本願寺光兼《ほんがんじこうけん》（実如《じつにょ》）の献金もあって、践祚後二一年にしてようやく即位礼を行うことができた。

さらに、後柏原天皇の崩御のあとをうけて践祚したのが後奈良《ごなら》天皇（後柏原天皇第二皇子、在位一五二六〜五七）である。後奈良天皇在位中がもっとも皇室が衰微した時代といわれている。一五三

● 践祚《せんそ》と即位 ●

践祚は祚をふむ、つまり皇嗣《こうし》が皇位につくことで、本来即位と同義であった。それが文武《もんむ》天皇のときに分離して行われ、桓武《かんむ》天皇以後、分離が慣例となった。践祚は前天皇没後、ただちに神器《じんぎ》の伝受、すなわち剣《けん》と璽《じ》がうけつがれることをいう。

践祚後、ふつうは同年もしくは翌年に位につくことを宣言する即位の儀が行われる。新天皇は高御座《たかみくら》にのぼり、即位したことを国民に告げるのである。

二（天文元《てんぶん》）年の初雪の日、雪見の宴《えん》をするのにも酒がなく、ただの雪見だけでおわったという。践祚から一〇年後に行われた即位礼も、大内義隆《おおうちよしたか》、北条氏綱《ほうじょううじつな》、今川氏輝《いまがわうじてる》、朝倉孝景《あさくらたかかげ》らの戦国大名の献金がなければ実現できなかった。

また、このころのこととして御所の築地塀《ついじべい》がこわれても修理費用が捻出《ねんしゅつ》できずに、三条大橋のうえから内侍所《ないしどころ》の灯火がみえたという話や紫宸殿《ししんでん》の左近《さこん》の橘《たちばな》の付近に茶を売るものがきていたという話も伝えられている。

長篠合戦《ながしのかっせん》の鉄砲三段撃ち

一五七五（天正三《てんしょう》）年五月、三河《みかわ》の長篠城外で織田信長《おだのぶなが》・徳川家康《とくがわいえやす》の連合軍は、武田勝頼《たけだかつより》軍と激突した。このとき、信長は三〇〇〇挺《ちょう》の鉄砲を三段にそなえ、一〇〇〇挺ずつの一斉射撃の戦法で、最強を誇っていた武田の騎馬隊《きばたい》を壊滅させる大勝利をおさめたという。

しかし、この説はそのまま信用するわけにはゆかない。まず鉄砲の数であるが、三〇〇〇挺というきりのよい数字は、江戸初期の小瀬甫庵《おぜほあん》の『信長記《しんちょうき》』にあるが、もっとも信頼できる信長の側近にいた太田牛一《おおたぎゅういち》の『信長公記《しんちょうこうき》』には、「千挺ばかり」と概数で記している。さらにこれ以外に「信長御馬廻《おうままわり》（親衛隊）鉄砲五百挺」が記載されている。三〇〇〇挺は後世に生まれた説と考えるべきであろう。したがって、三段にそなえたとするのも事実であったか否かは不明である。

『長篠合戦図屛風』

つぎに、一斉射撃の点であるが、一〇〇〇挺ばかりの鉄砲隊は、各部将などから五〇人、一〇〇人と鉄砲足軽《あしがる》をかき集めたものを含めた総数であり、これを佐々《さっさ》成政《なりまさ》、前田《まえだ》利家《としいえ》ら五人が指揮したのである。各部隊の鉄砲足軽の能力にはかなりの差があったといえよう。先込《さきご》め式の火縄銃《ひなわじゅう》は、熟練したものでも二五秒に一発が限度であったという。戦場で臨時に編成された五つの鉄砲隊（横には家康の鉄砲隊三〇〇も配置されていた）の一斉射撃など不可能である。

武田の騎馬隊は、有力な武将と麾下《きか》の騎馬武者《むしゃ》が大勢の徒歩部隊を率いて突撃する戦法を得意としていた。長篠でも同様の戦術をとったのである。その武田の各騎馬隊を射程距離内にとらえた部隊だけが、連吾《れんご》川をはさんで南北二キロにおよぶ馬防柵《ばぼうさく》内から集中的に射撃することがもっとも合理的なやり方といえよう。その結果、波状攻撃をかけた武田の各騎馬隊が、多くの指揮官クラスの武将を失い、組織的な戦闘を継続できなくなって、敗走せざるをえなかったのである。

　この戦いは、指揮系統がまちまちの各武将の鉄砲足軽を戦時に寄せ集めて強力な鉄砲隊に編成できた信長の手腕と統制力をみせつけたといえよう。また、今後の野戦《やせん》の勝利が、大量の鉄砲と大量動員による大土木工事なくしてはなしえないことを天下に示したのである。

16　海外発展

タバコの伝来

タバコの原産地は南米ボリビアの辺りで、これをヨーロッパにもたらしたのは十五世紀末のコロンブスだといわれる。日本へは南蛮《なんばん》貿易をつうじて伝来したが、タバコの語はポルトガル系の外来語tobacoで、西インド諸島のハイチ語に由来している。南蛮貿易では甘藷《かんしょ》・甘蔗《かんしょ》・南瓜《かぼちゃ》・西瓜《すいか》・落花生《らっかせい》・トウガラシ・トウモロコシなども輸入されており、新しく珍しいものとして急速に広まっていったのであろう。漢字のあて字もいろいろで多葉粉・莨が多いが、煙草・烟草・反魂烟など意味からあてた呼称もうまれた。

喫煙の風習は秀吉《ひでよし》の天正《てんしょう》年間（一五七三〜九二）からはじまったらしい。十七世紀初めに編まれた『慶長見聞集《けいちょうけんぶんしゅう》』にはつぎのような記述がある。「たばこという草が近年、外国から伝わり、老若男女、この草に火をつけ煙を吸っている。ところで江戸に道安という医者がいていつもたばこを飲んでいる。私は『いったい、これはなんの薬か』と聞いてみると道安はこたえた。『昔、中国に薬を焼いてその煙を筆管《ひっかん》で飲む風習があった。日本人は賢くてそれを金属でつくり、きせると名づけた。ある人が胸を病み、肺が虚《うつ》ろになったので、ふきの花の芽を焼き、煙を吸い、口に満ちたら飲

南蛮《なんばん》系外来語

日本語のなかの外来語としては漢語が圧倒的に多いが、欧米語系では英語が多い。最初にはいったのは一五九一（天正《てんしょう》十九）年のポルトガル語のパンであるが、十六世紀にはポルトガル・スペインの南蛮系の語、十七〜十八世紀にはオランダ語がはいった。

南蛮系外来語の特徴は、衣服・食物関係など生活用語が多いことである。おもなものをつぎに示す。(ポ)はポルトガル、(ス)はスペインである。カッパ(ポ)、メリヤス(ポ)(ス)、ラシャ(ポ)、ジュバン(ポ)、カステラ(ポ)、コンペイトウ(ポ)、パン(ポ)(ス)、カルタ(ポ)(ス)、シャボン(ポ)、ビードロ(ポ)、キリシタン(ポ)などなど。日本人はこれらをみごとに消化し、長襦袢《ながじゅばん》、雨合羽《あまがっぱ》、葉煙草《はたばこ》といったふうに日本語と結びつけてしまった。

みこんだ。これを数日のあいだ続けたら病気が治ったという。しかしたばこという草は医書にもみえず、薬か毒かもわからないが、誰でも飲む流行のものだから私も吸っているのだ』と。これはまことにおろかなことで、夏に炉、冬に扇をすすめるようなものだから医者らしくもない。日本は辺地というが知恵第一の国なのだから、せめてこの草の名ぐらいは知っておきたいものである」。

タバコの栽培は近世初頭から急速に広まり、幕府もしばしば喫煙・栽培の禁令をだしたがまもられず、結局代表的な商品作物になってしまう。しかし有名な慶安《けいあん》の触書《ふれがき》はいっている。「これは食にもならず、結局は煩《わずらい》になるものだ。そのうえ、時間も、代金もかかり、火の用心も必要になり、万事に損なものだ」。現代ではそのうえ健康上の害が叫ばれている。

ザビエルの遺体

二年三カ月の日本布教《ふきょう》から一五五二年二月にインドのポルトガル領ゴアに戻ったフランシスコ＝ザビエルは、同年四月、今度は中国布教のためゴアを出発した。しかし、肺炎のため発熱し、広東《カントン》港外の上川《サンシャン》島で十二月三日の午前二時ごろ死亡した。享年《きょうねん》四七歳。ゴアからつきしたがってきた中国人の従僕アントニオは、ザビエルを乗せてきたポルトガル船サンタ＝クルス号に連絡し、棺に石灰《せっかい》をいれると遺体が早く腐敗するので、インドへ遺骨で運べるという意見にしたがって、船から四袋《ふくろ》の石灰を運んで遺体の上下にしきつめ、島の丘に仮埋葬した。

翌一五五三年二月十七日、マラッカに帰る準備が完了したサンタ＝クルス号の船長アルメイダの指示で、ザビエルの棺が調べられた。遺体は埋葬時とまったくかわらず、少しも腐敗していなかった。三月二十二日にマラッカに到着すると、司教《しきょう》代理の命令で棺の蓋《ふた》があけられたが、遺体は生けるがごとき状態であった。翌日、遺体は港から「我が山の聖母」の聖堂《せいどう》に移され、石灰を取りのぞいて聖堂の聖歌隊《せいかたい》席のなかほどに掘った穴におさめられた。その後、遺体はふたたび棺におさめられて聖堂内に安置された。

聖フランシスコ＝ザビエル像

同年十二月、ザビエルの遺体はふたたび船に乗せられ、一五五四年三月十五日夜半にゴアに着いた。翌日、聖ポーロ学院に運ばれ、棺の蓋があけられた。遺体をみた院長らは奇跡を目《ま》のあたりにして感動したという。院長は三日間に限って遺体との対面を許可した。群衆は、ひざまづいてザビエルの手足に接吻《せっぷん》したという。

その後、遺体の奇跡に対して遺体の一部を求めたいという希望が各地におこり、一六一四年イエズス会総長は、遺体から右腕を切断してローマに送るよう命令をくだした。ゴアでは切断した右腕をさらに二分し、翌年上膊部《じょうはくぶ》（ひじからうえの部分）をローマへ送った。これはローマのボン＝ジェズ教会に現存する。下膊部《かはくぶ》は二分され、コチンとマラッカの学院に送られたが、現在不明である。また、上膊部の一部で約一二センチくらいのものが、現在マカオのサン＝ジョゼの学院にあるという。

ザビエルは一六二二年に聖人に列せられた。そのためか、のちに胃や腸そのほかの内臓が摘出され、各地に分配された。現在、遺体はミイラ状態となってゴアのフランシスコ゠ザビエル聖堂内に安置されている。その遺体にふれると業病《ごうびょう》も直るといわれ、今もときどき公開されている。なお、先述のボン゠ジェズ教会の右腕は、ザビエル来日四百周年の一九四九（昭和二十四）年と来日四百五十周年の一九九九（平成十一）年に日本を訪れ、各地を巡った。

●ザビエルの名●

Francisco de Xavier の名をカタカナでどう表記するか。フランシスコはいいけれど、Xavier は Javier とも表記されるので、シャビエルともハビエルとも発音される。本書は一般的な表記にしたがってザビエルとしたが、古来、さまざまに表記された。古記録には、しびえる・ジャヒエル・サベイリウスなどとみえ、現在でもザヴィエル・サヴィエル・ザビエー・ザベリオ・ザベリヨ・シャヴィエルなどとも記される。

とにかく外国人の名の表記はむずかしい。有名な人物にはゲーテがいる。ゲーテ・ゲヨエテ・ゴエテ・ギョエテなどさまざまで、本人が聞いたらおどろくかもしれない。「ギョエテとはおれのことかとゲーテいい」。

扇面に描かれた南蛮寺（『洛中洛外名所扇面図』）

南蛮寺《なんばんじ》の建立

キリシタンの教会は信徒間ではエケレジヤとよんだが、イエズス会は仏教語をできるだけ使うという方針から寺とよんだので、一般には切支丹《キリシタン》寺・伴天連《バテレン》寺・南蛮寺などとよんだ。

ここに『南蛮寺興廃記』という書物がある。イタリア人宣《せん》教師《きょうし》オルガンチノによるキリスト教布教の開始から島原《しまばら》の乱《らん》までのキリスト教始末記といったものであるが、十八世紀中ごろに民衆教化《きょうか》のためにつくられた排耶書《はいやしょ》（反キリシタン書）の代表的なものだから、事実・年代ともに誤りが多い。そこには南蛮寺建立のいきさつをつぎのように記す。

「安土に入ったウルガン（オルガンチノのこと）は、妙法寺《みょうほうじ》で三日すごしたのち、城にはいり信長《のぶなが》に布教の許可を求めた。信長はこれを許し、京都四条坊門に四町四方の地をあたえ、石垣でかこむ寺をつくらせ、永禄寺《えいろくじ》と号した。これを聞いた叡山《えいざん》の衆徒《しゅと》は、年号を寺号にするのはけしからんとして天台座主《てんだいざす》に申しいれ、朝廷に強訴《ごうそ》した。信長は不快に思ったが、勅命《ちょくめい》にしたがい、寺名を南蛮寺と改め、近江《おうみ》国に五〇〇石の地をあたえた」。

南蛮寺の建立は一五七六（天正四）年だから永禄寺というわけはなく、僧兵の強訴もない。京都一条油小路《あぶらこうじ》に現実にたてられた南蛮寺は、オルガンチノの設計・監督になる和洋折衷《せっちゅう》の三階建てであった。三年がかりでつくった大規模なもので、棟上《むねあ》げには七〇〇人以上を要したという。伝狩《か》野元秀《のうもとひで》筆の『洛中洛外名所扇面図《らくちゅうらくがいめいしょせんめんず》』には、「なんばんだうの図」として描かれており、三階建て、天守閣風の建物であった。一階は数百名を収容する大聖堂、二階は不明だが、三階は宣教師の住む六室があり、日本風の畳敷きで、床の間には祭壇があったらしい。京都の新名所として各地からの見物人がたえなかったという。秀吉《ひでよし》の禁教令《きんきょうれい》によって破壊されたが、一九七三（昭和四十八）年に、同寺の礎石《そせき》らしいものが発見されて話題となった。

名物茶器は小鳥の水飲み

来日したイエズス会宣教師《せんきょうし》は、日本語や日本の風習になじむため努力をした。しかしどうしても理解できないことも多かったに違いない。美術工芸品の価値観もその一つであった。

ヴァリニヤーノは「客に対し愛情と歓待を示す」という茶席に招かれ、「茶と称する草の粉末と湯とでつくる一種の飲み物」のまずさにまずおどろいた。しかしもっとおどろいたのはその茶道具である。彼は「豊後《ぶんご》の国王」である大友宗麟《おおともそうりん》から茶入れをみせられたが、それは彼にとっては「鳥籠にいれて鳥に水をあたえること以外にはなんの役にもたたないもの」であったからであった。「児戯《じぎ》に類し、笑い物であるそれらの作品」のいったいどこに、それほどの価値があるというのか。いくらながめても理解できなかった。

そして彼はその購入価格を聞いて、とびあがらんばかりにおどろいた。彼にとって代価をはらうことすら惜しいと思われる「小鳥の水飲み」に対し、宗麟はなんと銀九〇〇〇両《りょう》もはらったと聞いたからである。

もっとも彼のために少し弁解するならば、織田信長《おだのぶなが》が名物茶器を恩賞《おんしょう》としてあたえるなど、茶の湯が単なる芸道ではなく政治性をもっていたという背景もあったのではあるが……。

ほかにも理解できない工芸品があった。「鳥や樹木を墨で描いた紙」とは水墨画《すいぼくが》のことであろうが、彼には「なんの価値もない」ものであった。宗麟が秘蔵する高価な刀剣の鍔《つば》が、黄金ではなく単なる鉄製であるのは信じがたいことであった。

「物質としてはなんの価値もない」これらの物になぜ大金をはらうのかとヴァリニヤーノがたずねると、南蛮人《なんばんじん》がダイヤモンドやルビーを買うのと同じ理由であるという。そしてさらに、「価値があるとは思えないそれらの宝石に大金をはらうのは愚かなことである。日本人が珍重する物はみななにかの役にたつが、小石などいったいなんの役にたつのか」とこたえたという。

二十六聖人殉教碑（長崎市）

二十六聖人の殉教《じゅんきょう》

長崎駅前の西坂《にしざか》公園に二十六聖人殉教碑がある。一五九七年二月（慶長《けいちょう》元年十二月）、この地で磔《はりつけ》となった二六人の宣教師《せんきょうし》と信者たちとをしのんでたてられたもので、横一七メートル、高さ五・五メートルの花崗《かこう》岩《がん》の台座に二十六聖人のブロンズ像がはめこまれている。

ことの発端は一五九六（慶長元）年八月、土佐《とさ》の浦《うら》戸《ど》沖にスペイン船サン＝フェリペ号が漂着したことにある。船長が保護を求めたのに対し、豊臣秀吉《とよとみひでよし》は増田《ました》長盛《ながもり》を送って調べさせ、積み荷のすべてと乗組員二〇〇人の所持金を没収し、船を大坂に回送させた。ところがこのとき、同船の水先案内が世界地図をみせてスペイン領の広大さを誇示し、スペインはまず宣教師を送りこんで信者をふやし、ついで軍隊を送って征服するといったというので秀吉は激怒した。一説による

日本で活動した修道会

カトリック修道会のうち、一五四九年のザビエル来日以降、日本での布教を独占したのはイエズス会であった。一五八一年にスペイン国王フェリペ二世がポルトガル国王をかねると、二世は日本での布教をイエズス会にかぎることを認めた。

一五八七（天正十五）年の禁教令《きんきょうれい》でイエズス会の力がおち、九一年に秀吉《ひでよし》がルソンと交渉をはじめると、スペイン人と三つの修道会が日本布教に乗りだした。聖フランシスコ・聖アウグスチヌス・聖ドミンゴをそれぞれ渇仰《かつごう》するフランシスコ会・アウグスチノ会・ドミニコ会である。彼らは徳川幕府のもとでも弾圧にたえて布教につとめたが、いずれも島原《しまばら》の乱《らん》ごろまでに壊滅し、イエズス会も一六四四年に活動をやめた。

と、イエズス会のポルトガル人宣教師がフランシスコ会士らの日本布教を妨害するため、スペイン人を誹謗《ひぼう》したのが原因だともいう。

同年十月、秀吉の命によってフランシスコ会宣教師六人と日本人のイエズス会士三人、信者一七人の計二六人が大坂・京都でとらえられ、市中引きまわしのうえで長崎へ送られた。同年十二月（一五九七年二月）、二六人は長崎西坂の丘で磔刑《たくけい》に処せられる。あきらかに世人《せじん》への警告という意図をもってのことであった。それより二世紀半のちの一八六二（文久《ぶんきゅう》二）年ローマ法王は二六人を聖人の位にあげた。
現在、メキシコシティの南に位置するクエルナバカの教会には、壁いっぱいに二十六聖人殉教の絵が描かれている。六人の外国人宣教師のなかにメキシコ出身のヘスースという人物がいたためだが、訪れる日本人の眼には、画面上部に大きく書かれたTAYCOSAMA（太閤《たいこう》さま）の文字が痛ましくとびこんでくる。

朝鮮侵略従軍僧の日記

国内統一を達成した豊臣秀吉《とよとみひでよし》は、ついで明《みん》国にかわって日本を中心とする東アジアの新しい国際秩序をつくろうとした。この構想実現の第一歩が朝鮮侵略（文禄《ぶんろく》・慶長《けいちょう》の役《えき》）であった。しかし、秀吉のこの誇大《こだい》な構想も、李舜臣《りしゅんしん》《イスンシン》の率いる朝鮮水軍の活躍や朝鮮の義兵《ぎへい》の蜂起《ほうき》、明の援軍などのためにしだいに戦局は不利となり、一五九八（慶長三）年八月の秀吉の死で無に帰した。

この間、戦火のなかで繰り返された日本軍の放火や略奪《りゃくだつ》などの残虐《ざんぎゃく》行為による朝鮮民衆の悲惨な状況を記録したものに『朝鮮日々記《ちょうせんにちにちき》』がある。これは、秀吉の軍目付《いくさめつけ》となった豊後臼杵《ぶんごうすき》城主（六万五〇〇〇石《ごく》）太田一吉《おおたかずよし》の従軍医僧として朝鮮に渡海した臼杵安養寺《あんようじ》の僧慶念《きょうねん》の歌日記風の陣中日記である。一五九七（慶長二）年六月二十四日の佐賀関《さがのせき》出発から翌年二月二日に臼杵に戻るまでの記事が残されている。

七月九日に釜山浦《プサン》に上陸した慶念は、以後太田一吉とともに全羅道《ぜんらどう》を転戦してゆく。八月六日の条には、

野原も山も、城もいうにおよばずすべてを焼きつくし、人びとをたたき切って、鎖《くさり》や竹の筒で切りとった頸《くび》をしばってもっていった。（この難《なん》をのがれて戻ってきた村人たちのなかで）子を失った親はなげき悲しみ、親を見失った子はあちらこちらをたずね歩いており、このようなかわいそうな様子は初めて見た。

「野も山も焼たてによふむしゃのこえさながら修羅《しゅら》のちまた成《なり》けり」（野も山も焼きつくされ、うめき声や武者のさけび声はまるで戦乱や戦闘で悲惨をきわめている場所のようだ）

とある。南原《ナムウォン》城の激戦後の同月十八日には「夜明て城の外を見て侍《はべ》れハ、道のほとりの死人いさこ（砂子）のことし。めもあてられぬ気色《けしき》也」と描写している。この後、慶念は全羅道から忠清道《ちゅうせいどう》、慶尚道《けいしょうどう》を経て十月八日に蔚山《ウルサン》に到着し、蔚山の籠城《ろうじょう》戦に参加し、負傷した太田一吉を看病したことが記されている。慶念は、慶長の役での日本軍の蛮行《ばんこう》や残虐行為をありのままに描写している。結果的に『朝鮮日々記』は、秀吉の朝鮮侵略を歴史的に告発する書となったのである。

17 織豊政権

国持《くにもち》大名の心得

織田信長《おだのぶなが》は、あるとき嫡男信忠《ちゃくなんのぶただ》の人物を侍臣《じしん》にたずねた。すると内藤某が、「一段と器用でございます。皆もそう申しております」とこたえた。信長が「なぜ器用だというのか」とたずねると、「来客のあるときなど、この人には馬を、ある人には小袖《こそで》をくだされるであろうと家臣どもが予想しておりますと、そのとおりにくだされます」という。

しかし信長の評価はまったく違っていた。それこそ不器用というもので、とても後継者にはなれないというのである。なぜなら、「刀をくだされるだろうと思っているときにはくだされないと思っているときには金子《きんす》をたくさんくだされる。これこそ国持大名の心得というものである。加勢がでるだろうと敵が思っている場所には加勢をださず、でないと思っている場所にだしてこそ勝つことができる。つねに人から予想もされない行動をするのが、真の大将というものである」という。

また長島《ながしま》の一向一揆《いっこういっき》に際し、蒲生氏郷《がもううじさと》が大剛《たいごう》のものの首をとり、実検《じっけん》にもってきたときのことである。信長は軽率のふるまいであるとして、少しもほめなかった。そしてひとかどの武将をめざすほどのものは、身の危険をかえりみないような功名をのぞんではならぬといった。

一兵卒ならばともかく、国持大名、将たるものの心得を示したものであろう。羽柴秀吉《はしばひでよし》は、その働きの器用さゆえに信長に重用されたと一般に理解されている。たしかに気のきいた働きをしているが、それとはべつに、信長は秀吉のなかに国持大名となるべき素質をみいだしていたのであろうか。

信長《のぶなが》と巨石

『信長公記《しんちょうこうき》』には一五七六（天正四《てんしょう》）年四月、大石を積んで安土城《あづちじょう》の石垣を築き、そのなかに天主《てん　しゅ》をつくる工事がはじまったことが書かれている。信長は畿内《きない》・近国の武士と京都・奈良・堺《さかい》の職人を集め、瓦《かわら》は唐人一観《とうじんいっかん》に唐風に焼かせた。付近の山々から引きおろした大石を一〇〇〇・二〇〇〇・三〇〇〇個ずつまとめて安土山にあげていったが、そのなかに蛇石《じゃいし》という名石《めいせき》はとびぬけた大石なので山へあげられなかった。そこで羽柴秀吉《はしばひでよし》・滝川一益《たきがわかずます》・惟住《これすみ》（丹羽《にわ》）長秀《ながひで》の三人に命じ、一万余人に助けさせ、昼夜三日をかけて押しあげた。これは信長の工夫を用いて天主まで石をあげたのだが、昼夜山も谷も動くほどであったという。

信長の工夫とは一五六九（永禄十二《えいろく》）年の工事であった。この年、信長は自身と幕府の権威を示すため、将軍足利義昭《あしかがよしあき》の新第《しんてい》を京都二条につくろうとし、洛中洛外《らくちゅうらくがい》の名石を新第へ運びこませた。

地下鉄工事で発見された旧二条城の石垣（京都市）

そのため、畿内・近国から数千人の役夫《えきふ》をださせ、信長みずから工事を督励したのだが、細川藤孝《ほそかわふじたか》の旧第にあった藤戸石《ふじといし》という大石を運ぶとき、石を綾錦《あやにしき》でつつみ、花でかざり、笛・太鼓ではやして役夫たちに力をつけ、信長の命令一下、二日がかりで運びこんだのである。巨石の運搬成功は信長の権威を人びとに知らせるものともなった。

おもしろいことに一九七五（昭和五十）年、この二条第の遺構が地下鉄工事中に出土した。東西に走る堀は幅が二六メートル、石垣の高さは一・七メートルもあったが、この石垣の石材のなかに、多数の石仏《せきぶつ》・石《せき》塔《とう》・板碑《いたび》・石灯籠《いしどうろう》などがあり、石仏の多くは阿弥陀仏《あみだぶつ》であった。二条第の工事はわずか七〇日で完成したのだが、そのためには既成の構造物がさかんに利用されたのであろう。旧来の権威の一端を示す石仏・石塔などはそのとき容赦なく破壊・利用され、その下積みの

天主と天守

近世城郭の象徴ともいえる天守閣は、その先鞭《せんべん》となった安土城《あづちじょう》では「御天主」と記されている。その意味はいろいろと考えられる。一つは仏教の天主。須弥山《しゅみせん》上にいる梵天《ぼんてん》・帝釈天《たいしゃくてん》をいただく場所と考えられる。また、信長《のぶなが》の保護したキリスト教の天主にかかわるのかもしれない。あるいは殿舎のなかの重要なもの＝殿主からきたのだとする説もある。

しかし、安土城天主の装飾は仏教・儒教・道教の聖賢《せいけん》を描いたりしているから、これらを総合した天道の主と解釈するのが妥当なように思える。この天主がやがて天の中心を守る天守に変化していったのであろう。

うえに藤戸石・蛇石などが新しい支配者の権威を示すものとしておかれたのであった。

宣教師《せんきょうし》の報じた比叡山《ひえいざん》焼打ち

宣教師ルイス＝フロイスはその『日本史』のなかで、織田信長《おだのぶなが》は神仏への礼拝や尊崇《そんすう》、あるいはあらゆる占《うらな》いや迷信的慣習を軽蔑《けいべつ》し、霊魂の存在など信じなかった傲慢不遜《ごうまんふそん》な絶対君主だといい、仏僧らの欺瞞《ぎまん》や虚偽に激しい怒りをもつ反面、新来のキリシタンには好意を示すという。それゆえにデウスの教えを広めるには、仏僧たちに対抗するためにも、信長の寵《ちょう》を得ることが効果的だとしている。

こういった立場にたつフロイスは、信長の叡山焼打ちにどう反応しただろうか。フロイスは一五七一（元亀《げんき》二）年九月十六日付けでインド区長へ報告書を送った。フロイスはまず比叡山というところについて、僧院約四〇〇余をもち、都の治権をにぎり、坊主《ぼうず》たちは傲慢で各種の悪行《あくぎょう》を行い、放縦《ほうしょう》な生活に身をゆだねていると説明する。ついで、これに対してかねていきどおっていた信長が三万人の軍勢を率いて総攻撃を敢行したという。九月十一日には坂本《さかもと》の町に火を放って男女・小児を問わず、すべての人を殺戮《さつりく》し、山麓《さんろく》の堂舎《どうしゃ》を焼いた。翌十二日に山をのぼった軍勢は、森のなかに隠れた坊主を焼き殺し、山内の堂舎をことごとく焼きはらった。軍勢は山下の堅田《かただ》の町も火と血の巷《ちまた》と化してしまう。死者の総数は坊主方が約一五〇〇人、俗人もまた同数であったそうだと記している。

焼打ちに対する人びとの反応は立場によって異なる。仏僧たちは仏法《ぶっぽう》の破滅となげき、公家《くげ》たちは天魔《てんま》の所為《しょい》だという。しかしなかには「山門を滅ぼしたのは信長ではなく、山門自身だ」とする意見もあった。それならフロイスはどうみたのか。彼はいう。「このようなことは日本ではこれまで不可能だと思われていた。それがこのように余分なものを滅ぼし、神聖なデウスの教えがさかんに広まるようになったのは全能のデウスのおかげだと思う」と。

森蘭丸《もりらんまる》の実像

一五八二（天正十）年六月二日の早朝、明智光秀《あけちみつひで》の軍兵一万余は突如本能寺《ほんのうじ》をおそった。近習《きんじゅう》の森蘭丸が明智軍来襲を告げると、信長《のぶなが》は「是非に及ばず」とこたえ、みずから弓を取って矢を放ち、槍《やり》をもって戦ったのち、館《やかた》に火を放って自害した。蘭丸も槍で戦ったがついに倒れ、弟の坊丸《ぼうまる》・力丸《りきまる》も討死した。蘭丸ときに一八歳、早すぎた死であった。

この事件で蘭丸の名は有名になったが、その一生は意外に知られていない。彼は信長の寵臣森《ちょうしんもり》可成《よしなり》の三男だが、幼名は乱、実名は成利《なりとし》で、蘭の文字は使っていない。父の死後、一五歳で信長の近習となった。亡き重臣の子、すぐれた資質、そして「隠れなき美童」の名の高い乱を自分の側近におきたかったのであろう。乱は家臣らとの取次役や黒印状《こくいんじょう》の加判《かはん》役などもつとめたが、一五八一（天正九）年には近江《おうみ》国に五〇〇石《こく》、翌年三月には美濃《みの》国金山に五万石の地をあたえられるまでになった。本能寺の変の三カ月前である。

乱のすぐれた才知はわずか三年の近習だったのに、多くのエピソードを残していることでもわかる。信長がこっそりと蔀戸《しとみど》のうえに水をいれた茶碗をおき、蔀戸をおろせと命じたとき、慎重に蔀戸のうえまで調べたうえで茶碗をとった話、蜜柑《みかん》を運ぼうとすると、「転ぶぞ」と信長にいわれ、とたんに転んで笑われたが、じつは主君の言に誤りはないことを示すためにやったのだったという話。刀の鞘《さや》の菊のもようがいくつあるかと信長が近習たちに問うたとき、すでに知っていたのであ

森蘭丸らの墓（京都市阿弥陀寺）　左より森蘭丸・力丸・坊丸。

えてこたえなかったという話など乱の人がらの一端を物語っている。しかし、話はだんだん大きくなる。明智の食事態度をみて、謀叛《むほん》の意志を予知したという話などはあきらかにつくり話だろう。とにかく、一八歳の死は惜しかった。大名としての森成利の行動はどのようなものになっただろうか。

本能寺《ほんのうじ》の変《へん》をめぐる情報戦

一五八二（天正十）年六月二日の早朝におこった本能寺の変は、三日の夜には備中高松《びっちゅうたかまつ》表《おもて》の秀吉《ひでよし》の陣営《じんえい》にとどいた。四日に清水宗治《しみずむねはる》の切腹、毛利《もうり》氏との講和《こうわ》をおえた秀吉は、毛利方に察知《さっち》されないように順次撤《てっ》退《たい》をはじめた。その途中、野殿《のどの》（備前《びぜん》国津高《つたか》郡、岡山市の西部）でうけとった摂津《せっつ》茨木《いばらき》（大阪府茨木市）城主中川清秀《なかがわきよひで》からの飛脚《ひきゃく》に対する返書が、つぎの書状《しょじょう》である。

こちらから申しあげようと思っていたところにお便りをいただき気分が晴れました。ところで、ついさきほど京都よりくだってきたものがたしかに申すところによりますと、上様（信長《のぶなが》）と殿様（信忠《のぶただ》）はお二人とも差しつかえなく敵陣をきりぬけなされました。膳所《ぜぜ》（滋賀県大津《おおつ》市）の崎《みさき》に御退却なされたあいだに、（信長の近臣の）福富平左衛門《ふくずみへいざえもん》は三度も敵と突きあうなど比べるものがないほどの働きであったということは、まずもってめでたいことと思います。われわれもなりゆきにまかせて帰城いたしますので、順次お聞かせください。そちらさまも御油断なく、あれこれ御工夫することが第一でありましょう。恐れながらつつしんで申しあげます。

このなかで秀吉は、信長と信忠の父子は本能寺の変をきりぬけて膳所に無事退却したと伝えている。これはあきらかに偽《にせ》情報であるが、秀吉がうっかり誤報を信じたというよりも、多くの情報を収集した秀吉が、信長と信忠の遺体が本能寺からも二条御所《にじょうごしょ》からも明智《あけち》方に発見されていないという情況を確認していたからこそ、信長父子の生存説を意識的に流すことによって、動揺していた畿内《きない》の織田《おだ》家家臣団の人心を掌握できると判断した結果であると考えられる。

事実、六日に姫路《ひめじ》に帰着した秀吉は、さっそくに戦備を整えて九日には姫路を出発し、中川清秀、高山重友《たかやましげとも》、池田恒興《いけだつねおき》ら摂津衆を指揮下におき、十三日には山崎の戦いで明智光秀《みつひで》を破ってしまったのである。

曾呂利新左衛門《そろりしんざえもん》の処世術

豊臣秀吉《とよとみひでよし》の御伽衆《おとぎしゅう》で、頓智頓才《とんちとんさい》の曾呂利新左衛門といえば、一度は聞いたことのある人物だろう。その実在は確証されていないのだが、堺《さかい》に住む鞘師《さやし》杉本彦右衛門《すぎもとひこえもん》がその人で、剃髪《ていはつ》して坂内宗拾《さかうちそうじゅう》といい、香道《こうどう》の達人で茶事《ちゃじ》も好んだ文化人だとする説が有力になっている。刀の鞘を巧みにつくり、刀がソロリとはいったので、曾呂利の名がおこったのだという。その頓智話は多くの書物にのせられているが、なかには味わい深いものもある。

もっとも有名なのは「耳嗅《か》ぎ」の話である。秀吉寵愛《ちょうあい》の松が枯れたのをみた曾呂利は即座に祝いの歌をよんだ。「御秘蔵の常盤《ときわ》の松は枯れにけり　おのが齢《よわ》いを君にゆづりて」。感心した秀吉が黄金をとらすというと、曾呂利は「それよりは毎日、君のお耳を嗅がせてほしい」という。秀吉が承知すると、曾呂利は諸大名が出仕するたび、きまって秀吉の耳を嗅ぐ。疑心暗鬼《ぎしんあんき》になった大名たちは、内証で曾呂利につけ届けをし、たちまち金銀そのほか贈り物が山のようになったという。現代でもつうじる話ではないか。

感心させられる話もある。秀吉の近習《きんじゅう》たちが曾呂利にいった。「我々はややもすると、君のお怒りをこうむる。御意《ぎょい》にかなうやり方をお教え願いたい」。曾呂利はこたえた。「毎日食べる飯の風味はとくにきまったものはないが、菓子はうまくて甘い。だからといって明日から飯をやめて菓子だけお食べなさるか。そうはなさらぬだろう。貴公らは菓子を君にすすめ、私は飯をすすめている。

だから、とくにうまい風味はなくても、いつまでもあきられないのだ。君のごきげんをとろうなどとは考えず、まっすぐに奉公なさればよいのだ」と。日常の心得として守りたい教えではある。

加藤清正《かとうきよまさ》の苦衷《くちゅう》

関ケ原《せきがはら》の役《えき》後、天下の大勢は徳川《とくがわ》氏に傾き、大坂城の豊臣秀頼《とよとみひでより》の権威は日に日におちた。一六〇三（慶長八）年、将軍宣下《せんげ》をうけた家康《いえやす》は秀頼をいかにして屈伏させるかに腐心する。二年後、家康は将軍職を秀忠《ひでただ》にゆずり、豊臣氏に天下をゆずる気のないことを明確にした。しかし、抵抗する大坂方はいぜんとして秀頼を上洛《じょうらく》させなかった。

一六一〇（慶長十五）年、家康は加藤・福島《ふくしま》ら西国《さいごく》大名二〇家に家康の子義直《よしなお》の名古屋城築城を命じた。福島正則《まさのり》は思わず「江戸・駿府《すんぷ》城ならいざ知らず、この名古屋城までつくらせるとはなにごとか」と不平をもらした。これに対し、加藤清正は「それならいっそ謀叛《むほん》せよ。そうでなければ工事を進めよ」といい、みずから進んで天守閣造営の工事にあたった。太閤《たいこう》秀吉の恩顧《おんこ》を忘れぬ清正は、内心の不満をおさえながら家康の意にこたえ、しかも秀頼の将来にあわいのぞみを託していたのである。

翌一六一一（慶長十六）年、七〇の齢《よわい》を重ねた家康は、三月に上洛すると二条城にはいり、大坂城の秀頼に上洛を求めた。いわば家康の最後通告である。大坂城では激論がかわされ、加藤清正は身をもって秀頼をまもることを約し、ついに上洛が実現した。三月二十八日、秀頼は加藤清正・浅《あさ》野幸長《のよしなが》をしたがえて二条城へはいった。出迎えた家康は客殿で対面する。二時間ばかりの対面中、清正はいざとなれば家康とさしちがえる覚悟で、懐に刀をしのばせていた。また幸長はつねに辺りに気をくばっていたという。対面は無事におわった。秀頼は伏見《ふしみ》から船で大坂にむかう。見送った清正は懐中の刀にふれながら涙をおとした。太閤の御恩にむくいることができたと感無量であったろう。一方、家康は側近にむかい、秀頼の成長ぶりをほめたというが、本心は反対だったことであろう。

図版所蔵・提供者一覧

p. 2　毎日新聞社
p. 7　朝日新聞社
p.10　文化庁・島根県古代文化センター
p.14　島根県古代文化センター
p.20　岡山県公聴広報課
p.23　和歌山市教育委員会
p.28　東京国立博物館
p.30　毎日新聞社
p.32　千家家・島根県古代文化センター
p.42　奈良文化財研究所
p.44　東京国立博物館
p.47　イラスト　橋本哲
p.49　宮内庁正倉院事務所
p.51　佐藤信
p.59　勝常寺・福島県立博物館
p.60・61　(財)石川県埋蔵文化財センター保管・復元複製 国立歴史民俗博物館所蔵
p.77　北野天満宮
p.92　京都国立博物館
p.103　八丈町観光課
p.105　静嘉堂文庫美術館
p.112　成田山霊光館
p.120　歓喜光寺・清浄光寺
p.122　宮内庁三の丸尚蔵館
p.133　東京国立博物館
p.142　広島県立歴史博物館
p.145　聖衆来迎寺・京都国立博物館
p.153　正木美術館
p.155　一乗寺
p.161　田中家
p.164　上杉神社稽照殿
p.171　徳川美術館
p.176　神戸市立博物館
p.178　神戸市立博物館
p.187　京都市埋蔵文化財調査センター
p.191　阿弥陀寺・新井宏(信長研究所)

敬称は略させていただきました。紙面構成の都合で個々に記載せず，巻末に一括しました。万一，記載漏れなどがありましたらお手数でも編集部までお申し出下さい。

編　者

笠原一男　かさはらかずお　前東京大学教授

児玉幸多　こだまこうた　前学習院大学教授

執筆者

阿部　泉　あべいずみ　前埼玉県立川越工業高等学校教諭

蒲生眞紗雄　がもうまさお　前東京都立国際高等学校教諭

野呂肖生　のろたかおい　前世田谷学園高等学校教諭

続々《ぞくぞく》日本史《にほんし》こぼれ話《ばなし》　古代《こだい》・中世《ちゅうせい》

2003年2月25日　1版1刷発行　　2012年9月25日　1版2刷発行

編　者　笠原一男《かさはらかずお》・児玉幸多《こだまこうた》

発行者　野澤伸平

発行所　株式会社 山川出版社　〒101-0047 東京都千代田区内神田1-13-13

電話03(3293)8131(営業)　(3293)8135(編集)　振替00120-9-43993

http://www.yamakawa.co.jp/

印刷所　株式会社太平印刷社　　製本所　株式会社手塚製本所

装　幀　菊地信義　カバー絵　野村俊夫

ISBN 978-4-634-59310-7

- 造本には十分注意しておりますが，万一，落丁・乱丁などがございましたら，小社営業部宛にお送りください。送料小社負担にてお取り替えいたします。
- 定価はカバーに表示してあります。